Deutsches Zentrum
für Handwerk und Denkmalpflege

Siedlung, Haus und Hof in der Rhön

Schlüchtern, 10.02.1995

Liebe Gisela viel Freude beim Lesen wünscht Dir
Dein Martin — Einheimischer wie Du

Siedlung, Haus und Hof in der Rhön

von
Christine H. Bauer

unter Mitarbeit von
Adrian Hehl
Richard Heins
Bernhard Langer
Karin Ney
Christine Schmelter
Gerwin Stein

Ein Projekt im UNESCO-Biosphärenreservat Rhön
gefördert vom Verein Natur- und Lebensraum Rhön (LEADER)

Herausgeber:
Manfred Gerner,
Deutsches Zentrum für Handwerk und Denkmalpflege,
Propstei Johannesberg, Fulda e. V.,

Verlag Parzeller

Die Herausgabe dieses Buches
wurde unterstützt durch die Firma
Fanz Carl Nüdling Basaltwerke
GmbH & Co. KG – einem Produzenten
von Baustoffen im Biosphärenreservat
Rhön.

ISBN 3 7900 0245 3
© 1994 by Verlag Parzeller GmbH & Co. KG, Fulda
Ein Projekt im UNESCO-Biosphärenreservat Rhön,
gefördert durch den Verein Natur- und Lebensraum Rhön;
Projektträger: Deutsches Zentrum für Handwerk und Denkmalpflege,
Propstei Johannesberg, Fulda e.V., Leiter: Manfred Gerner
Herausgeber: Manfred Gerner
Projektleitung und Verfasserin: Christine H. Bauer
Gesamtherstellung: Druckerei Parzeller, Fulda
Alle Rechte vorbehalten – Printed in Germany

Vorwort

Zur regionalen Identität einer Region gehört unzweifelhaft auch ihre bauliche Kultur. Die zur Dacheindeckung verwendeten Rohstoffe, das Baumaterial der Fassadenverkleidung, die Form der Fenster, Türen oder Hofeinfriedungen und nicht zuletzt die Dimension von Hof, Haus oder Scheune vermitteln eine regionale Zugehörigkeit, die – weniger oder mehr ausgeprägt – eine Zuordnung zu bestimmten Kulturkreisen ermöglicht.

Solche Differenzierungen haben auch nicht vor geschlossenen Natur- und Lebensräumen Halt gemacht. So können z. B. in der Rhön relativ eindeutig fränkische, hessische oder thüringische Elemente in der bäuerlichen Architektur ausgemacht werden. Aber auch zwischen den Basaltkuppen des Kegelspiels im Norden und den Schwarzen Bergen im Süden der Rhön waren es nicht nur die aus der umgebenden Natur entnommenen Baustoffe, die zu unterschiedlichen architektonischen Entwicklungen führten.

Diese regionalen Unterschiede sind in Gefahr, durch moderne Architektur oder Billigbauten von der Stange nivelliert zu werden. Mit der Anerkennung der Rhön als ein Biosphärenreservat der UNESCO besteht nunmehr eine große Chance, für eine Weiterentwicklung dieser wertvollen Rhöner Baukultur Sorge zu tragen. In Biosphärenreservaten sollen weltweit Kulturlandschaften modellhaft erhalten und – das ist dabei besonders wichtig – weiterentwickelt werden. Mithin sind so ausgewählte Regionen auch dafür prädestiniert, die Weiterentwicklung gewachsener Baukultur zu reaktivieren, die leider bei Bauwilligen oder Architekten nur noch in Rudimenten mit einem qualitativen Standard nachgefragt wurde.

Mit der vorliegenden Untersuchung wird der Versuch unternommen, diese Lücke zu füllen. Während in den vergangenen Jahrzehnten zwar viel für die Erhaltung alter, ortsbildprägender Bausubstanz getan wurde, verflachte die Rhöner Baukultur in den Neubaugebieten bis zu Unkenntlichkeit. Mit der Untersuchung des Deutschen Zentrums für Handwerk und Denkmalpflege (ZHD) sollte zunächst die Rhöner Hauslandschaft typisiert werden. Die vorliegende Arbeit dokumentiert diese Phase des Auftrags.

In einem nachfolgend zu entwickelnden Leitfaden sollen dann für Bauwillige, Architekten und Baugenehmigungsbehörden Hinweise zur Integration regionaler Stilelemente und Baustoffe in modernes Bauen auf dem Lande gegeben werden.

Dieter Popp
Verein „Natur- und Lebensraum Rhön"
Ehrenberg, im September 1993

Hauslandschaften in der Rhön

Regionales oder landschaftstypisches Bauen ist nicht allein eine Frage der Architektur, architektonischer Gestaltung oder architektonischer Qualitäten, sondern vielmehr ein von vielen Faktoren und Disziplinen bestimmter umfangreicher Komplex gebauter Umwelt. Neben reinen Architekturaspekten sind es gesellschaftspolitische, sozialpolitische, umweltbezogene und ökologische, wirtschaftliche und volkswirtschaftliche, strukturelle und nicht zuletzt entwicklungspolitische Aspekte, die die Fragestellungen dazu und noch mehr die Lösungsansätze bestimmen müssen. Mit den Untersuchungen und Ausführungen zu landschaftstypischem Bauen wird hier weder in dieser Einleitung, noch dem hier vorgelegten Beitrag oder gar dem Gesamtvorhaben Heimattümelei oder gar einem falsch verstandenen Denkmalschutz Vorschub geleistet.

Spätestens mit der „Neuen Sachlichkeit" des Bauhauses wurden weltweit Bauideen kreiert, die nicht an Landschaften gebunden waren. Für die neuen Architekturauffassungen stand nicht nur die Sachlichkeit und Funktionalität als Reaktion auf Eklektizismus, Jugendstil, Sezession und Art deco, sondern auch der Blick auf neue Produktionsverfahren und Arbeitsmethoden. Man muß sich dabei vor Augen halten, daß Ernst Mays 1928 gebaute Römerstadt in Frankfurt am Main bereits ganz aus großformatigen, präfabrizierten Fertigteilen montiert wurde.

Der Nationalsozialismus unterdrückte die „Neue Sachlichkeit" und alle dahinterstehenden Ideen. Die späten Folgen dieser Unterdrückung und des „Einschubs" längst überholter Architekturideen sehen wir heute allenthalben unter dem Begriff des „Postmodernen".

Nach dem Zweiten Weltkrieg entwickelte sich weltweit bei unterschiedlichem Anfangsdruck ein gewaltiger Bauboom, der allenfalls in den ersten Jahren noch gelegentlich an historische Vorbilder anschließende regionaltypische Bauten zuließ. Auch in jener Zeit gehörten zahlreiche Faktoren zu den neuen Architekturzielen oder vermeintlichen Architekturzielen, wie die nach dem Krieg gut zu verstehende Abwendung von allem „Früheren", die Priorität der Quantitäten vor Qualitäten, geforderte Geschwindigkeiten und schließlich die Industrialisierung nicht nur der Bauprodukte und Baumaterialien, sondern auch des Bauens insgesamt. Ein Einheitsarchitekturstil bemächtigte sich der Welt: Schuhkartons plattliegend, auf der schmalen Kante stehend oder senkrecht aufgerichtet. Schlimmstenfalls wurde dieser Einheitslook dekoriert. Amerikanische Fertighäuser mit aus dem Katalog wählbaren Bausätzen „Tirol", „Schwarzwald" oder „Hawaii" – nach einer Periode des Sattsehens auch austauschbar – belegten von der Industrie eingebrachte Trends. Dabei soll nicht übersehen werden, daß auch herausragende, kulturellen Ansprüchen gerecht werdende Architekturen entstanden und daß sich inselhaft in Regionen wie dem Alpenraum bis heute, wenn auch gelegentlich als furchtbarer Abklatsch, landschaftsgebundenes Bauen erhalten hat.

Trotz dieser Inseln – oder vielleicht gerade, weil man diese Inseln im Urlaub genoß – machte sich Unmut breit. Ende der 60er und in den 70er Jahren brach dieser Unmut durch, in Protesten und Bürgerinitiativen gegen die zubetonierte Welt, gegen Uniformität, gegen die spürbar verringerte Lebensqualität durch eine lieblos verbaute Umwelt. Architekten, Kritiker und Philosophen arbeiteten das Negativthema literarisch auf, wie Alexander Mitscherlich in „Unwirtlichkeit unserer Städte" oder Rolf Keller in „Bauen als Umweltzerstörung". Niemand redete dabei aber einem landschaftstypischen Bauen das Wort – und es soll auch hier weder der Versuch gemacht noch so getan werden, als könnte dieses ein Heilmittel für Architektur sein.

Ein Blick auf das Entstehen landschafts- oder regional gebundener Architekturen, besser Bauten, zeigt auch sofort, daß es besondere Bedingungen waren, die unausweichlich zu entsprechenden Formen führen mußten, und daß diese Bedingungen heute zumindest zum Teil anders sind, d.h. regionales Bauen nicht mehr zwingend ist.

Um historische Umstände aufzuzeigen, muß hier nicht mit dem Neolithikum begonnen werden, wo Baumaterialien ausschließlich unmittelbar vor Ort verarbeitet wurden. Interessant sind die geschichtlichen Epochen, in welchen die gebaute Umwelt entstand, die wir heute – Denkmäler schützend – zu erhalten trachten.

Das Vorhandensein bestimmter Baumaterialien, die klimatischen Bedingungen und darauf basierend und weitergehend auch Produktionsschwerpunkte und Lebensbedingungen führten zu landschaftstypischen, an Landschaften gebundene Bauweisen. Um es noch deutlicher zu machen, das Bauen außerhalb der Städte hing in erster Linie nicht an architektonischen Wünschen oder Moden, auch nicht an Stilentwicklungen, sondern an Materialvorkommen, den Belastungen aus Sonne, Regen, Schnee und Wind, den topografischen Bedingungen in engen Tälern oder weiten Landschaften und den angestrebten Funktionen. Gewollte und geplante Architekturziele oder Stilmerkmale waren sekundär. Dies ist leicht nachzuweisen, da sich entsprechende Architekturmerkmale oder Stilentwicklungen bis zur Mitte unseres Jahrhunderts landschaftlich unterschiedlich ausdrückten.

Das Deutsche Zentrum für Handwerk und Denkmalpflege versucht mit verschiedenen Ansätzen, Beiträgen und Untersuchungen den Fragenkomplex „Regionaltypischen Bauens" von den historischen Bezügen bis zu heutigen Ansätzen zu beleuchten. Dabei sollen Fragen zu landschaftsbezogenen Formen, Details, aber auch den jeweils vor Ort vorkommenden Materialien, erhellt, geklärt und verbreitet werden.

Der erste Beitrag wird mit diesem Band vorgelegt. Es ist das Basismaterial: Die Aufnahme und Auswertung von rund 200 typischen Bauwerken in einem eng be-

grenzten Territorium der hessischen, thüringischen und bayerischen Rhön.

Die weiteren, teilweise schon begonnenen Arbeiten beschäftigen sich mit den auf Klimabedingungen und örtlich vorhandenen Materialien basierenden Baudetails, mit der generellen Fragestellung, wie weit regionaltypisches Bauen unter heutigen Bedingungen möglich ist oder angestrebt werden sollte, und schließlich auch den Fragen nach den vor Ort vorhandenen und/oder zu erschließenden Materialressourcen; letzteres sowohl in bezug auf landschaftstypische Bauweisen wie auch zur Verminderung eines weltweiten Baustofftourismus'.

Die komplexen Untersuchungen erfordern breites Engagement, Sensibilität, Einfühlungsvermögen und Ausdauer. Deshalb wird hier insbesondere der Projektleiterin im Deutschen Zentrum für Handwerk und Denkmalpflege, Frau Dr. Bauer, allen Mitarbeitern an dem Projekt, wie auch dem Verein „Lebensraum Rhön", dem Regionalen Zentrum für Wissenschaft, Technik und Kultur, dem Amt für Regionalentwicklung, Landschaftspflege und Landwirtschaft, den für das Leaderprogramm Verantwortlichen und schließlich allen im Anhang namentlich genannten Bürgern und Institutionen, die das Projekt freundlich und intensiv unterstützt haben, ausdrücklich gedankt.

Fulda, im Januar 1994

Dipl.-Ing. Manfred Gerner

Inhaltsverzeichnis

		Seite
0.	Einführung in die Dokumentation	11
I.	**Die Bedeutung der Rhön als Kulturlandschaft**	13
I.1	Geographisch-morphologische Gegebenheiten	13
I.2	Geologischer Aufbau	14
I.3	Wirtschaftliche Verhältnisse	14
I.4	Politische Verhältnisse	16
II.	**Geschichte der Rhönbesiedelung**	19
II.1	Anfänge des Siedlungswesens	19
II.2	Mittelalterlicher Landesausbau	19
II.3	Wüstungen	20
II.4	Frühneuzeitliche Rekultivierung	20
III.	**Siedlungsformen**	21
III.1	Haufendörfer	21
III.2	Straßendörfer	23
III.3	Weiler	25
III.4	Befestigte Dörfer	25
III.5	Streusiedlungen und Einzelhöfe	27
III.6	Planmäßige Dörfer	27
IV.	**Gehöftformen**	29
IV.1	Quergeteilte Einhäuser	29
IV.2	Streckhöfe	29
IV.3	Zweiseithöfe/Winkelhöfe	30
IV.4	Dreiseithöfe	30
IV.5	Vierseithöfe	30
IV.6	Doppelhöfe	31
IV.7	Unregelmäßige Hofanlagen	31
V.	**Haustypen und Gebäudeformen**	33
V.1	Bauweisen der Wohnhäuser	33
V.1.1	Eingeschossiges Ernhaus	33
V.1.2	Zweigeschossiges Ernhaus	34
V.1.3	Kniestockhaus	35
V.1.4	Vertikales Wohnstallhaus	36
V.1.5	Thüringisches Wohnstallhaus mit hohem „Stubenkeller"	38
V.1.6	Aufgesockeltes Wohnstallhaus	38
V.1.7	Thüringisches Durchgangshaus	39
V.2	Landwirtschaftliche Nebengebäude	41
V.2.1	Scheunen	41
V.2.2	Ställe für Tiere	41
V.2.3	Backöfen und Kellerhäuschen	43
VI.	**Bauart und Konstruktion der Gebäude**	45
VI.1	Baumaterialien	45
VI.2	Konstruktive Bestandteile und Bauarten	46
VI.2.1	Sockel	46
VI.2.2	Fachwerkbau	46

VI.2.3	Massivbau	49
VI.2.4	Dachwerk	50

VII. Fassaden- und Dachgestaltung ... 51
VII.1	Fachwerkschmuck	51
VII.1.1	Schnitzwerk	51
VII.1.2	Schmuckhölzer	54
VII.2	Fachwerkfarbigkeit	55
VII.3	Fachwerkverkleidung zum Schutz vor der Witterung	56
VII.3.1	Schindelverkleidungen	56
VII.3.2	Wettbretter (mit Schindeln)	57
VII.3.3	Schieferverkleidungen	58
VII.3.4	Ziegelverkleidungen	59
VII.4	Verputzte Gebäude und deren farbliche Gestaltung	59
VII.5	Ornamentierte Sockelsteine	61
VII.6	Hausfiguren	62
VII.7	Dachformen und -gestaltung	63

Exkurs: Baugestaltung im Historismus ... 64

VIII. Ausstattungselemente ... 66
VIII.1	Fenster	66
VIII.2	Fensterläden	68
VIII.3	Türen und Tore	68
VIII.4	Vortreppen und Lauben	71

IX. Gestaltung des Hofraumes ... 73
IX.1	Einfriedung der Gärten	73
IX.2	Hofabschluß	74
IX.3	Hofraum	75

X. Gebäude der dörflichen Gemeinschaft ... 76
X.1	Schulhäuser	76
X.2	Gasthäuser	79
X.3	Gemeindebackhäuser	80

XI. Dörfliche Außenanlagen ... 83
XI.1	Straßen	83
XI.2	Dorfplätze	84
XI.3	Brunnen	84
XI.4	Brücken	85

XII. Zusammenfassung und Ausblick ... 87

Quellen- und Literaturverzeichnis ... 94
Abbildungsnachweis ... 100
Katalog ausgewählter Gebäude ... 101
    Hessische Rhön ... 101
    Thüringische Rhön ... 105
    Bayerische Rhön ... 108

0. Einführung in die Dokumentation

Die Kulturlandschaft der Rhön war in den vergangenen Jahrzehnten einem erheblichen Strukturwandel ausgesetzt. Neue Ansprüche der Landwirtschaft und der Wohnkultur führten dazu, daß viele traditionelle Siedlungen ihr Gesicht erheblich veränderten, viele alte Wohn- und Wirtschaftsgebäude wesentlich umgebaut wurden oder gänzlich verschwanden. In zahlreichen Gebieten der Rhön sind frühere Siedlungs- und Baustrukturen schon nicht mehr nachvollziehbar. Sie wurden durch stadtähnliche Siedlungsgestaltungen und regionfremde Bauweisen überformt.

Diese einschneidenden Veränderungen bewirkten, daß in den letzten Jahren von verschiedenen Seiten die Forderung immer lauter wurde, regionaltypische Elemente der Rhöner Bauweise vor deren unwiederbringlichem Verlust zu erhalten. Allerdings stellte sich dabei sehr schnell die Frage, welche Siedlungs- und Bauformen in der Rhön überhaupt als regionaltypisch gelten können. In vielen Regionen der Rhön sind ältere Bauweisen kaum noch vorhanden, so daß es hier schwierig erscheint, an markante Bautraditionen anzuknüpfen. Auch die bisherige Fachliteratur bietet kaum Hinweise auf Rhöner Bautraditionen.[1]

Im November 1992 wurde deshalb das Deutsche Zentrum für Handwerk und Denkmalpflege (ZHD) damit betraut, eine „Dokumentation der traditionellen ländlichen Siedlungen, Haustypen und Bauweisen in der Rhön" durchzuführen. Diese Arbeit erfolgte mit Unterstützung des Vereins Natur- und Lebensraum Rhön.

Ziel dieser Forschungsstudie ist es, am noch vorhandenen Baubestand die typischen Erscheinungsmerkmale der älteren Rhöner Bauweise herauszufinden. Zu diesem Zweck bereisten fünf Mitarbeiter des ZHD zahlreiche, regional weitgestreute Ortschaften der Rhön, um die spezifischen Eigenschaften der Siedlungen und alten Häuser (Erbauungszeit bis ca. 1920) mit Hilfe eines Erfassungsbogens und durch das Anfertigen von Photographien zu dokumentieren. Neben einer großen Menge von Siedlungsbeschreibungen entstanden so vor Ort ca. 180, zum Teil mehrseitige Baubeschreibungen, die anschließend durch ein elektronisches Datenverwaltungsprogramm erfaßt und systematisiert wurden. Auf der Grundlage dieser Datenbank konnten dann die inhaltlichen Auswertungen vorgenommen werden. Diese Vorgehensweise sollte eine möglichst objektive und breit gefächerte Dokumentation der traditionellen Bauformen in der Rhön gewährleisten.

Die Bestandsaufnahme wurde allerdings dadurch erschwert, daß vor allem in der hessischen und bayerischen Rhön die Zerstörung der historischen Bausubstanz bereits so weit fortgeschritten ist, daß nur noch bedingt ehemalige Siedlungsstrukturen, Haustypen und spezifische Bauweisen ausfindig zu machen waren. Insofern mußten gelegentlich auch archivalische Quellen, Kataster und historische Photographien herangezogen werden, um sichere Aussagen über die Rhöner Bautradition machen zu können.

Über die Beschreibung der Siedlungen und Bauweisen hinausgehend, möchte die Forschungsstudie aber auch darlegen, welche Gründe für deren jeweilige Herausbildung ausschlaggebend waren. Hierbei sind vor allem die spezifischen geographischen, geologischen, politischen und wirtschaftlichen Verhältnisse zu berücksichtigen, da sich frühere Bauformen diesen äußeren Gegebenheiten weitaus stärker als heutzutage anpaßten. Hinzu kamen oft noch direkte staatliche Einflußnahmen, der individuelle Gestaltungswille des Bauherrn und ein auch zu früheren Zeiten durchaus vorhandener Einfluß von modischen Erscheinungen im Bauwesen. Dies alles muß berücksichtigt werden, will man der vielfältigen baulichen Entwicklung in der Rhön gerecht werden.

Die vorliegende Studie umfaßt im wesentlichen elf Abschnitte: Zunächst werden die angesprochenen geographischen, geologischen, wirtschaftlichen und politischen Verhältnisse in ihren Grundzügen dargestellt. Der folgende Abschnitt thematisiert die Geschichte der Rhönbesiedelung, bevor die einzelnen Siedlungsstrukturen, Gehöftformen und Haustypen der Rhön differenziert vorgeführt werden. Das 6. Kapitel behandelt anschließend die überwiegend verwendeten Baumaterialien sowie die gebräuchlichen Konstruktionsarten der Häuser, das 7. Kapitel die typischen Fassaden- und Dachgestaltungen. Des weiteren finden die baulichen

Ausstattungselemente, wie Türen und Fenster, sowie die Gestaltung des Hofraumes eine ausführliche Darstellung. Die Betrachtung der Schulgebäude, Gasthäuser und Gemeindebackhäuser, als besonderer Gebäude des dörflichen Gemeinschaftslebens, und der historischen Gestaltung der das Dorfbild mitprägenden Außenanlagen runden die Untersuchung schließlich ab.

Die umfassende Dokumentation der Rhöner Bautradition setzt sich zum Ziel, das Bewußtsein für die historischen Bauformen in der Rhön wiederzuerwecken. Siedlungsstrukturen und Bauweisen sollen mit ihrer Hilfe besser erkannt und in künftige Planungen -insbesondere der Dorferneuerungen- integriert werden. Vor allem aber ist es ein Anliegen der Studie, die Bewohner der Rhön für die jahrhundertelang gewachsenen Erscheinungen ihres unmittelbaren Wohnumfeldes zu sensibilisieren. Die Bedeutung und die Schönheiten historischer Bauweisen gilt es vor Augen zu führen, um künftig einen wirksameren Schutz der noch vorhandenen originalen Bauten zu gewährleisten und ein einfühlsames Anknüpfen an die spezifischen Bautraditionen der Rhön einzuleiten.

I. Die Bedeutung der Rhön als Kulturlandschaft

Die Rhön stellt keine einheitliche, in sich geschlossene Kulturlandschaft dar, vielmehr erweist sich ihre Eigenart gerade im Zusammenwirken mannigfaltiger Einflüsse.
In geologischer und morphologischer Hinsicht vereint die Rhön zum Teil auf engstem Raum sehr unterschiedliche Bodenformationen. Von der Art der Bodenbeschaffenheit hängen wiederum die wirtschaftlichen Möglichkeiten der jeweiligen Regionen ab. Die Bodenqualität entscheidet dabei, mit den vorhandenen klimatischen Bedingungen, ob überwiegend gewinnbringender Ackerbau oder eher Viehzucht betrieben werden können. Diese geographischen und wirtschaftlichen Verhältnisse bestimmen weiterhin sowohl die Siedlungsstrukturen als auch die Größe der einzelnen Gehöfte und Gebäude. Je günstiger die Lage und ertragreicher der Boden, desto wohlhabender die Bauern und somit die Dörfer.

Neben diesen Faktoren spielt auch die Tatsache eine Rolle, daß die Region und ihre Bewohner über Jahrhunderte hinweg differierenden staatlichen und politischen Systemen angehörten. Noch heute bildet die Rhön den Grenzraum von Hessen, Thüringen und Bayern. Die Prägungen durch die unterschiedlichen staatlichen Ausrichtungen sind ebenfalls dafür verantwortlich, daß die Rhön auch in dieser Hinsicht keineswegs als einheitliche Kulturlandschaft angesehen werden kann.

Will man die historische Entwicklung der Siedlungsstrukturen und Bauweisen in der Rhön erfassen und erklären, ist es daher unumgänglich, einen Blick auf die geographischen, geologischen, wirtschaftlichen und politischen Verhältnisse der Region zu werfen. Dieses soll durch die Darstellung der entsprechenden dominanten Grundzüge im einleitenden Kapitel geschehen.

I.1 Geographisch-morphologische Gegebenheiten

Das Gesamtgebiet der Rhön erstreckt sich über eine Fläche von ca. 3500 qkm, mit einer Längenausdehnung von bis zu 90 km in nord-südlicher und 50 km in west-östlicher Richtung. Als vulkanisches Mittelgebirge liegt sie im Buntsandsteingebiet zwischen den Flüssen Werra, Fulda und Fränkischer Saale.[2]

Im Osten markiert die Werra von Heimboldshausen aufwärts bis zu ihrem Knie südlich von Meiningen die Begrenzung. Deren weiteren Verlauf kennzeichnet zunächst das Tal des Sülzbaches, sodann der Unterlauf des Mahlbachs bis Mellrichstadt, von dort aus die Streu bis zu ihrer Mündung in die Saale. Diese scheidet die Rhön nach Südosten hin von der Fränkischen Muschelkalkplatte. Im Westen verläuft die Grenze in etwa entlang der Flußtäler von Sinn, Fliede, Fulda und Haune.

Den zentralen Hauptstock bildet die überwiegend von vulkanischem Eruptivgestein geformte „Hohe Rhön", die durch das Tal der Ulster zweigeteilt wird in das östlich gelegene Hochplateau der „Langen Rhön", ein gleichförmiges, durchschnittlich 800m hohes Massiv, und den westlichen, in zahlreiche felsige Einzelberge aufgelösten Teil mit der „Wasserkuppenrhön", dem „Abtsrodaer Gebirge" und der „Dammersfeld-Rhön".

An diese Gebirgszüge schließen sich die durch zahlreiche kleinere, von z.T. weiträumigen Mulden umgebenen Basalt- und Phonolitkegel geprägten Landschaften der Kuppen- und Vorderrhön an (Abb. 1), die nordwestlich im „Hessischen Kegel-

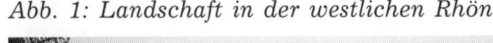

Abb. 1: Landschaft in der westlichen Rhön

spiel" ihren Abschluß finden. Breitflächige Höhenzüge existieren hier nur noch selten, vereinzelte Blockströme und -meere bereichern das Oberflächenrelief.

Während das nördliche Vorland im wesentlichen den Charakter eines Plateaus von ca. 300–400m mittlerer Höhe besitzt, wird das Gebirge östlich der Langen Rhön, etwa im Henneberger Bergland, wieder kuppenreicher. Den südlichen Teil der Rhön dagegen bildet weitgehend eine hochgelegene, flächige Bergtafel mit wenigen markanten Einzelerhebungen.

Deutlich erkennbar verläuft von Südwesten nach Nordosten eine durchgehende Hebungsachse, welche als Wasserscheide zwischen dem Fulda-Werra-System und dem Saale-Main-System die Hydrographie des Gebirges mit seinen zahlreichen Quellflüssen bestimmt.

I.2 Geologischer Aufbau

Der angeführte, vielgestaltige Formenreichtum des Rhöngebirges ist im wesentlichen bestimmt durch dessen geologischen Aufbau[3] (Abb. 2).

Der durchgängige Sockel besteht aus einer mächtigen, mehrere hundert Meter dicken Buntsandsteinschicht, einer Ablagerung der Trias, die auch an die 80% der Gesamtoberfläche des Gebietes bildet. Während der Buntsandstein in seinen tieferen tonhaltigen Lagen leicht verwittert, wird seine Konsistenz auf höhergelegenem Niveau fester, so daß er dort z.B. als Baustein Verwendung finden kann. Sein Vorkommen dominiert in den weitgehend ebenen Mulden zwischen den einzelnen vulkanischen Kegeln sowie in den tief eingeschnittenen Kerbtälern der zahlreichen Flüsse und Bäche. In geringerem Ausmaß zutage tritt eine obere Schicht des Buntsandsteins, der sogenannte Röt, ein farbiger Schieferton. Dieser findet sich oft streifenartig in Umrandungen der Höhenzüge, seltener jedoch nordöstlich und östlich der Langen Rhön.

Über dem Buntsandstein lagert die jüngere Formation des Muschelkalks, der sich aufgliedert in den unteren (Wellenkalk), mittleren und oberen Muschelkalk. Als Oberflächengestein formt der Wellenkalk stark abfallende Berghänge mit ihren typischen Steilrändern. Die beiden anderen Abteilungen sind am deutlichsten ausgebildet in der nordwestlichen Kuppenrhön (um Schenklengsfeld, Roßdorf und Hünfeld), im Gebiet zwischen Helmershausen, Kaltennordheim, Dermbach und Geisa, am Ostabfall der Langen Rhön (zwischen Fladungen und Oberelsbach) sowie stellenweise auch am Kreuzberg, an den Schwarzen Bergen und südwestlich der Wasserkuppe (Kleinsassen, Abtsroda, Gersfeld). Der mittlere Muschelkalk besteht im wesentlichen aus grauem Mergel, in den gelbe plattige Kalke und Dolomite sowie Zellenkalke eingelagert sind, während der obere Muschelkalk sich in Trochiten- und Nodosenkalkschichten teilt. Trochitenkalk wird vielfach als Baustein oder zum Kalkbrennen, aber auch zur Beschotterung verwendet. An der Erdoberfläche zeichnen sich mittlerer und oberer Muschelkalk durch die Bildung flacher, welliger Formen und sanfter Böschungen aus. Erwähnenswert ist noch der selten vorkommende Keuper, der nur an einzelnen, erosionsgeschützten Stellen zutage tritt, wie etwa bei Rasdorf, Oberkatz, Fladungen oder Ostheim.

Den eigentlichen Gebirgscharakter der Rhön prägen die vulkanischen Eruptivgesteine des mittleren Tertiärs. Eine vorrangige Stellung behauptet hier der Basalt, welcher die dominanten, meist felsigen Gipfel und Höhenzüge bildet und seine durchgängigste Verbreitung im Plateau der Langen Rhön findet. Da der Verbund des Ergußgesteins in den Ausläufern der westlichen und östlichen Rhön weniger dicht war als im Zentralgebiet, konnte sich hier die Erosion im Verlauf der Jahrtausende stärker auswirken und die für diese Landschaftsteile typischen, einzeln stehenden Basalt- und Phonolitkuppen herausbilden (z.B. den Stellberg, Haselstein, Maulkuppe, Steinhauck, Baier oder Oechsen).

Die unterschiedliche geologische Beschaffenheit der Böden sowie die Formen und Stärken ihrer Verwitterung tragen wesentlich zu den Arten ihrer Nutzbarkeit, und damit zu den wirtschaftlichen Verhältnissen ihrer Bewohner, bei.

I.3 Wirtschaftliche Verhältnisse

Die wichtigste Erwerbsquelle der Bevölkerung in der Rhön bildete seit jeher die Landwirtschaft, da sich aufgrund der relativen Armut an natürlichen Bodenschätzen und der abgeschiedenen Lage fern der großen städtischen Ballungszentren Handel, Bergbau und späterhin Industrie hier nur in ge-

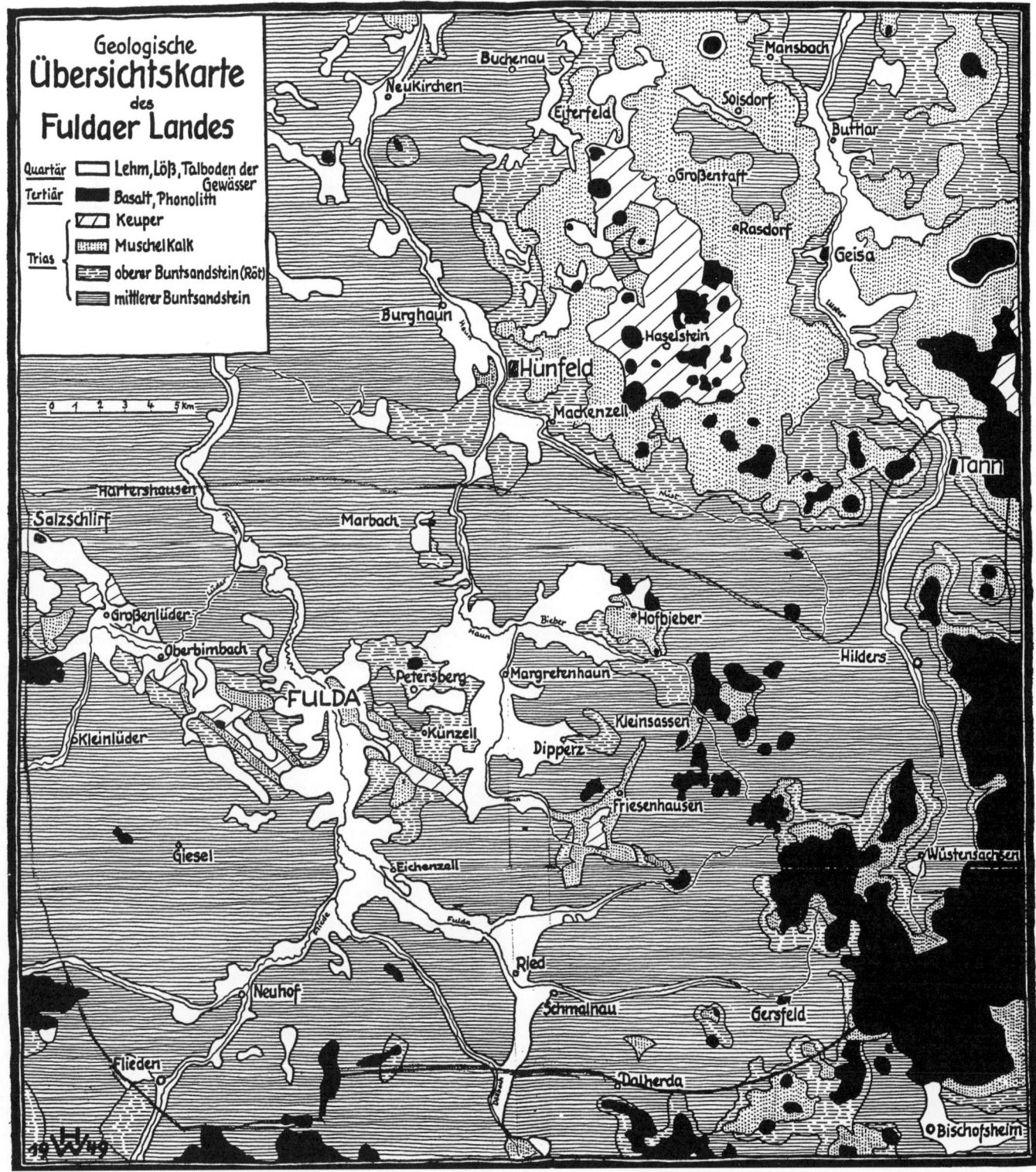

Abb. 2: Geologische Verhältnisse in der westlichen Rhön (Landkreis Fulda)

ringem Maße entfalten konnten. Ackerbau und Viehzucht stellten somit naturgemäß die Haupternährungsgrundlagen der Bewohner dar. Allerdings war die landwirtschaftliche Ertragslage dabei regional sehr unterschiedlich. So bestimmte die jeweils an der Erdoberfläche zutage tretende Gesteinsart, neben den klimatischen Verhältnissen, im wesentlichen den Fruchtbarkeitsgrad der Bodenkrume.

Die weiten, vom mittleren Buntsandstein eingenommenen Flächen der Rhön tragen Böden, die sich aus nährstoffarmem Sand, lehmigem Sand und aus tonigem, zum Teil sandig-steinigem Lehm aufbauen. Daraus haben sich durch Verwitterung meist mittel- bis tiefgründige Braunerden entwickelt, die sich noch recht gut für eine landwirtschaftliche Bebauung eignen. Allerdings können diese Böden infolge der häufig vorherrschenden rauhen Westwinde und hohen Niederschlagsmengen – vor allem in der hessischen Kuppenrhön – nicht optimal genutzt werden, so daß die landwirtschaftlichen Erträge hier eher begrenzt sind.

Während sich der Untergrund des trockenen und harten Wellenkalks für einen gewinnbringenden Ackerbau wenig eignet, haben sich im Bereich von Röt, mittlerem Muschelkalk und Keuper vorwiegend schwere Lehmböden herausgebildet. Diese sind meist sehr tiefgründig und, da sie Wasser und Nährstoffe lange zu speichern vermögen, relativ fruchtbar. An den steileren Hängen dienen sie zumeist als Weideflächen, in den flacheren Zonen erlauben sie einen intensiven Getreideanbau. Wie bereits erwähnt, dominieren derartige Muschelkalkabdeckungen, Röt- oder Keuperoberflächen vor allem in der nordwestlichen Kuppenrhön, im Gebiet zwischen Helmershausen, Kaltennordheim, Dermbach und Geisa, am Ost- sowie stellenweise am Südabhang der Langen Rhön und südwestlich der Wasserkuppe. Diese Regionen weisen folglich eine hohe landwirtschaftliche Ertragsfähigkeit auf, woraus ein gewisser Wohlstand der dortigen Bewohner resultiert.

Der überwiegend in der Hohen Rhön auftretende Basalt verwittert zu einem dunklen, eisenreichen Lehmboden, der eigentlich eine recht fruchtbare Ackerkrume abgibt. Jedoch läßt sich diese infolge der Höhenlage nur in beschränktem Maße für den Feldbau nutzbar machen, da die hier vorherrschenden niedrigen Durchschnittstemperaturen lediglich kurze Vegetationsperioden ermöglichen. Durch Prozesse der Erosion und Anschwemmungen gelangte dieser fruchtbare Boden aber häufig in die Flußtäler und das umliegende Rhönvorland, vor allem im nordöstlichen und südöstlichen Teil der Rhön.

Überblickt man das Gebiet der Rhön in seiner Gesamtheit, so lassen sich aufgrund der diversen Bodenverhältnisse und klimatischen Bedingungen Regionen mit rentablem Ackerbau von solchen mit weniger ertragreichen Böden unterscheiden. Vor allem die westliche Kuppenrhön und die Hohe Rhön scheinen in dieser Hinsicht benachteiligt, so

daß die dortige Bevölkerung in vergleichsweise bescheideneren Verhältnissen lebt. Dagegen begünstigten die geographischen und geologischen Gegebenheiten im nördlichen und nordwestlichen Rhönvorland sowie am Ostabfall der Langen Rhön und vor allem in den Talauen von Ulster und Saale einen gewissen wirtschaftlichen Wohlstand. Diese Umstände finden über die politischen Grenzen hinweg ihren Ausdruck auch in der Gestaltung und Ausstattung der historischen Bauformen. Bei einer Betrachtung der Rhöner Bauweisen müssen diese Hintergründe deshalb stets mitbeachtet werden.

I.4 Politische Verhältnisse

Staatspolitisch betrachtet bildete die Rhön schon seit dem frühen Mittelalter ein Konglomerat verschiedener Herrschaftssysteme (Abb. 3).

Ersten urkundlichen Erwähnungen nach gehörte sie seit dem 6. Jahrhundert größtenteils zum fränkischen Grabfeldgau, der sich wiederum aus mehreren Untergauen (Tullifeld, Baringau, Westergau u.a.) zusammensetzte.[4] Durch die königliche Karlmann-Schenkung an Bonifatius (743) und weitere Gebietsüberlassungen entwickelte sich dann das 744 gegründete Kloster Fulda zur größten Grundherrschaft vor allem im westlichen und nördlichen Teil der Rhön. Vom Süden her drang ab dem 11. Jahrhundert das Bistum Würzburg die Saale aufwärts vor, um seine territorialen Machtansprüche planmäßig zu erweitern und zu festigen. An der Ostseite der Rhön etablierte sich um 1100 das Grafengeschlecht der Henneberger (bis zu deren Aussterben 1583). Die machtpolitischen Auseinandersetzungen und wechselvollen Grenzstreitigkeiten dieser drei dominierenden Herrschaften hatten im folgenden maßgeblichen Anteil an der Entwicklung der Kulturlandschaft.

Die Grenze zwischen Fuldaer und Würzburger Gebiet verlief dabei annähernd entlang der Wasserscheide, jedoch hatte Fulda auch Besitzungen im heutigen bayerischen Teil der Rhön, während Würzburg sich bis in das obere Ulstertal behauptete. Zur Abtei Fulda gehörten die Ämter Bieberstein, Weyhers, Haselstein, Motten, Brückenau, Hammelburg und das Propsteiamt Thulba sowie die heute thüringischen Dermbach, Geisa, Vacha und Zella.[5] Unter der Verwaltung des Hochstifts Würzburg standen Aschach, Aura-Trimberg, Bi-

Abb. 3: Politische Verhältnisse in der Rhön (Ende 18. Jahrhundert)

schofsheim, Fladungen, Gemünden, Kissingen und Neustadt sowie Hilders und Wüstensachsen im Ulstertal. Die dortigen Gemeinden Melperts, Seiferts, Thaiden, Findlos und Batten allerdings blieben fuldisch.[6] Mit dem Niedergang der Henneberger im 16. Jahrhundert wurden die Herzogtümer Sachsen-Weimar-Eisenach (Ämter Kaltennordheim und Lichtenberg mit den Ortschaften Sondheim, Stetten und Urspringen) und Sachsen-Meiningen zu östlichen Nachbarn Fuldas.

Neben diesen größeren Herrschaftsgebilden gelang es seit dem späten Mittelalter zunehmend auch kleineren Adelsgeschlechtern, selbständige, relativ unabhängige Machtbereiche aufzubauen. In den Jahren 1402 und 1428 übertrug das Hochstift Würzburg den ursprünglich fuldischen Ort Gersfeld mit seiner Wasserburg den Herren von Ebersberg (gen. von Weyhers) zu Lehen. Damit war Gersfeld dem Einfluß Fuldas verlorengegangen. Eine ähnliche Entwicklung vollzog sich in der westlichen Kuppenrhön. Hier vermochte es das Geschlecht von Eberstein (später: Fechenbach und Rosenbach),[7] seine ehemals auf Streubesitz beruhende Herrschaft zu einem räumlich abgeschlossenen Ganzen um das Schloß in Schackau zu gestalten. Dort gründete es das Vogteiamt Schackau, welches aber eine enge rechtliche Bindung an das Kloster Fulda behielt. Dagegen erreichten im nördlichen Talabschnitt der Ulster die Herren von der Tann eine vollständige Unabhängigkeit, während die Stadtlengsfelder Gegend an die Freiherren von Boineburg gelangte.

Nach der Verweltlichung der geistlichen Fürstentümer unter Napoleon in den Jahren 1802/03 und danach mehrmals wechselnder Landeszugehörigkeit kam das ehemalige Hochstift Fulda 1816 an Kurhessen, wobei jedoch die Ämter Hammelburg, Brückenau und Weyhers an Bayern fielen. Die Ämter Dermbach, Geisa, Vacha und Zella wurden Sachsen-Weimar-Eisenach zugeschlagen. 1866 geriet Kurhessen, und damit auch der hessische Teil der Rhön, unter preußische Herrschaft. Nach dem Ende des 2. Weltkrieges fand schließlich eine erneute Aufteilung statt: Der thüringische Teil der Rhön befand sich nun im neugegründeten Staat der Deutschen Demokratischen Republik, während die hessischen und bayerischen Gebiete auf bundesdeutscher Seite lagen.

Durch die Errichtung der Zonengrenze erfuhr die Gesamtregion eine massiv einschneidende Trennung. Auch nach der Grenzöffnung zeichnet sich die Rhön noch heute als dreigeteiltes Grenzgebiet der Bundesländer Hessen, Thüringen und Bayern aus.

Zieht man alle diese angeführten geographischen, geologischen, wirtschaftlichen und politischen Verhältnisse in Betracht, so muß innerhalb dieser relativ kleinen Region das Vorhandensein vielfältiger Erscheinungsformen auf oft engstem Raum konstatiert werden. So sind in der Rhön landschaftlich gemäßigte Zonen ebenso zu finden wie ausgeprägte Gebirgsformationen. Neben ertragreichen Ackerbaugebieten existieren eher karge Wiesen- und Weideflächen. Diese naturräumlichen Gegensätze wurden zudem über die Jahrhunderte hinweg von mannigfachen politischen Herrschaftssystemen überlagert. Insofern erscheint es nicht angebracht, von der Rhön als einer einheitlichen Kulturlandschaft zu sprechen. Dies ist bei einer Untersuchung der Siedlungsformen und Bauweisen in der Rhön zu berücksichtigen.

II. Geschichte der Rhönbesiedelung

Die Geschichte der Rhönbesiedelung ist wesentlich bestimmt durch die geschilderten geographischen, wirtschaftlichen und vor allem politischen Verhältnisse in der Rhön. Grundsätzlich orientierte sich die Besiedelung des Landes weitgehend an den geographischen Gegebenheiten des Gebirges. So wurden die orographisch gemäßigten Zonen früher und häufiger erschlossen als die höher gelegenen Regionen. Gleichzeitig spielten aber auch die Machtansprüche der jeweils sich etablierenden Herrscher eine herausragende Rolle. Sie prägen das Siedlungswesen in der Rhön nachhaltig, so daß die heute noch vorhandenen Siedlungsformen vielfach auf staatsgeschichtliche Faktoren zurückzuführen sind. Zum besseren Verständnis der Herausbildung gegenwärtiger Dorfstrukturen ist es deshalb erforderlich, zunächst einen Blick auf die Siedlungsgeschichte zu werfen.

II.1 Anfänge des Siedlungswesens

In vorgeschichtlicher Zeit bereits wurde das Rhöngebirge von zwei ausgeprägten Handelswegen durchzogen, der nord-südlich verlaufenden Antsanvia und dem Ortesweg als West-Ost-Verbindung. Diese frühen Verkehrsstraßen dürften das eigentliche Skelett der Rhönbesiedelung markieren, wenngleich sich menschliche Niederlassungen ab der Jungsteinzeit (3000 v.Chr.) in diesem damals durchgehenden Waldgebiet (buchonia silvia vasta) zunächst nur in den Flußtälern der westlichen und nordöstlichen Vorderrhön sowie der Streu und der Saale befanden. Durch archäologische Grabungen konnten aber auch schon vereinzelte Ansiedlungen Viehzucht betreibender Schnurkeramiker in der basaltischen höheren Rhön nachgewiesen werden (, so z.B. bei Obernhausen an der Wasserkuppe und auf der Milseburg).[8]
In der nachfolgenden Latènezeit (ca. 500 – 0 v. Chr.) erfolgte unter keltischem Einfluß eine Siedlungsverdichtung mit einer weitverbreiteten Errichtung von Ringwallanlagen auf den exponierten Bergkuppen, die von kriegerischen Auseinandersetzungen mit germanischen Stämmen zeugen. Mit dem Ende dieser Periode kann jedoch ein Rückgang der Wohn- und Wirtschaftsflächen konstatiert werden, so daß diese Frühbesiedelung eine nur geringe Nachwirkung für die Folgezeit aufweist.

II.2 Mittelalterlicher Landesausbau

Seit dem 6. Jahrhundert erfolgte dann nach der Eingliederung des Gebietes in das fränkische Reich vor allem aus strategischen Gründen eine planmäßige Kolonisierung, die vornehmlich als Sicherungssystem des vorhandenen Wegenetzes gegenüber den Slawen angelegt wurde. Anhand des Einsetzens urkundlicher Überlieferungen im 8. Jahrhundert lassen sich damalige Siedlungsvorstöße nicht nur in das bewaldete westliche Rhönvorland, sondern auch bis zu den Rändern des Hochplateaus der Langen Rhön von Seiten des Baringaues, des Tullifelds sowie des Saaletales aus nachweisen.[9]

Ab dem 8. Jahrhundert begannen sich neue Herrschaften in der Rhön zu etablieren, deren mächtigste, das Bistum Würzburg und die Abtei Fulda, die Besiedelung des Landes weiter vorantrieben. Ohne ein zugrundeliegendes planmäßiges Schema vollzog sich diese weitgehend noch unter Ausnutzung geographischer Standortvorteile vor allem in den leichter zugänglichen Regionen.
So suchte das Kloster Fulda seinen Machtbereich durch expandierende Ortsneugründungen nach dem Erwerb von Forstprivilegien der Waldnutzung und Rodung zu erweitern und zu sichern. Unter der Leitung der Abtei führten zahlreiche Neubrüche zur Erschließung von Öd- und Weideland zum Zwecke des Ackerbaus in der Kuppen- und Hochrhön, vor allem im Haune- und Ulstertal (dort z.B. Hilders und Simmershausen um 900, Thaiden 1022, Seiferts 1057, Batten 1058).[10] Diese rege Siedlungstätigkeit vornehmlich des 11. und 12. Jahrhunderts erstreckte sich nun bis in die Berglagen des fuldisch-würzburgischen Grenzraumes hinein, um dort die Landeshoheitsansprüche gegenüber dem Bistum Würzburg, das seinen Machtbereich nach Norden hin auszudehnen versuchte, geltend zu machen.
Bereits im Jahre 1000 war dem Bischof von Würzburg durch eine Schenkung Ottos III. der am Südabfall der Langen Rhön gelegene Salzforst mitsamt den darin bereits bestehenden Ansiedlungen zugefallen. Diese befanden sich vornehmlich an den Ufern der Saale und der einmündenden Brend, wie Brendlorenzen, Herschfeld, Salz und Aschach. Aufgrund der geringen Bevölkerungszahl

19

fanden hier zunächst keine Neugründungen statt, sieht man von der Anlage einiger Festungen zur Sicherung des neuerworbenen Besitzes ab. Seit Mitte des 12. Jahrhunderts suchte das Bistum Würzburg jedoch seine Einkünfte durch eine vom niederen Adel unterstützte Besiedelung des bis dahin wenig ertragreichen Waldgebietes zu erhöhen.[11]

II.3 Wüstungen

Nach dieser allseitig forcierten Siedlungstätigkeit des frühen und hohen Mittelalters erfolgte im Spätmittelalter und in der beginnenden Neuzeit ein tiefgreifender Einschnitt in die Entwicklung. Auch in der Rhön setzte, wie im übrigen Reich, etwa um 1300 eine bis in die Mitte des 15. Jahrhunderts andauernde Periode der Wüstungen ein. In deren Verlauf wurden schätzungsweise 50–70% der vorher bestehenden Ortschaften aufgelassen, d.h. die Wohn- und Wirtschaftsflächen wurden nicht mehr genutzt. Dies schlug sich besonders nieder in der nordwestlichen Kuppenrhön zwischen Haune- und Ulstertal, aber auch in der fränkischen Region.

Über die Ursachen dieses allgemein verbreiteten Phänomens des rapiden Bevölkerungsrückganges in den ländlichen Gegenden existieren unterschiedliche Hypothesen, welche seuchenartige Epidemien, Hungersnöte infolge Agrarkrisen bis hin zur Abwanderung der Arbeitskräfte in die aufblühenden Städte, in denen sich Handel und Handwerk vermehrt etablierten, verantwortlich machen.[12] Diese Verminderung der landwirtschaftlich genutzten Flächen begünstigte eine wieder verstärkte Verbreitung der ehemals vorherrschenden Waldgebiete.

II.4 Frühneuzeitliche Rekultivierung

Ab dem 16./17. Jahrhundert erfolgte dann jedoch eine größtenteils planmäßig durchgeführte, expansive Neubesiedelung im Zuge eines wieder stetigen Anwachsens der Bevölkerungszahlen. Im Rahmen dieser Bewegung wurden zahlreiche, mittlerweile verödete Siedlungen rekultiviert, hauptsächlich aber nach umfangreichen Rodungen bis in die zuvor wenig erschlossenen Hochlagen hinein neue Ortschaften begründet.

Anteil an dieser Entwicklung besaßen, neben den noch immer dominierenden Hochstiften Würzburg und Fulda, auch einige der kleineren, sich in der Region emanzipierenden Adelsgeschlechter, denen allein schon aus fiskalischen Gründen an einer möglichst flächendeckenden Besiedelung ihres Herrschaftsgebietes gelegen war. Besonders hervor taten sich in dieser Hinsicht die Herren von Ebersburg in der Gegend um Gersfeld.[13]

Im 18. und 19. Jahrhundert fanden demgegenüber kaum noch Neugründungen von Ortschaften statt. Die gewachsenen traditionellen Siedlungsbilder erfuhren lediglich eine gewisse Ausweitung und Verdichtung. Einschneidenden Einfluß auf die Gestaltung und Anordnung der Wohnanlagen übten daneben die zahlreich vorkommenden und teilweise verheerenden Brandkatastrophen, vor allem des vorigen Jahrhunderts, mit ihrem nachfolgenden Wiederaufbau aus.

Grundsätzlich läßt sich also sagen, daß die natürlichen Gegebenheiten, wie Flußtäler, mildes Klima oder günstige Bodenbeschaffenheit, die Siedlungstätigkeit förderten. So befinden sich ca. 75% aller Siedlungen der Rhön in Tälern oder gemäßigten Zonen. Als bevorzugte Stellen für Ortsneugründungen boten sich dabei die Einmündungsgebiete von Nebenbächen in ein Haupttal an, wo einerseits genügend Raum und andererseits ein fruchtbarer Boden gegeben waren. Auf dem Hochgebirge selbst gelegen sind dagegen nur die thüringischen Orte Birx und Frankenheim, die lange Zeit als die ärmsten Dörfer der Rhön galten, sowie annähernd noch Abtsroda, Dalherda, Kippelbach, Langenleiten, Schachen und Sandberg. Die in höheren Lagen zu findenden Ortschaften sind häufig auf herrschaftliche Einflüsse zurückzuführen. In ihrer Gründung dokumentierten sich vielfach territoriale Machtansprüche.

III. Siedlungsformen

In der Rhön gibt es unterschiedliche Siedlungsformen, deren Herausbildung von den natürlichen Gegebenheiten der Rhön und den Interessen der jeweils ansässigen Herrschaften abhing. Dabei lassen sich für die Rhön entsprechend der Typologie der Siedlungsforschung[14] Haufendörfer, Straßendörfer, Weiler, Streusiedlungen und Einzelhöfe unterscheiden.

Im folgenden sollen die Dorf- und Siedlungsformen charakterisiert und deren regionale Verbreitung beschrieben werden.

III.1 Haufendörfer

Grundsätzlich herrscht in der Rhön die Siedlungsform des Haufendorfes vor. Haufendörfer sind Siedlungen, bei denen die relativ eng, aber unregelmäßig zueinander stehenden Höfe durch ein komplexeres Straßennetz miteinander verbunden sind. Das Haufendorf kann eine exakt faßbare Dorfumrandung aufweisen, in seinem Zentrum konzentrieren sich vielfach die Gemeinschaftsbauten und -anlagen, wie Kirche, Backhaus oder Dorfteich (Abb. 4). Aufgrund der unterschiedlichen geographischen Gegebenheiten ist diese Siedlungsform, die in Mittel- und Süddeutschland allgemein eine starke Verbreitung findet, in der Rhön differenzierter ausgebildet.

Für eine normale Ausprägung benötigt das Haufendorf zwangsläufig genügend Raum, wie er sich etwa am Ostabfall sowie am Ende des Nordabfalls der Langen Rhön bietet. Das in sanften Hügeln auslaufende Gebirge ermöglichte hier voll ent-

Abb. 4: Haufendorf Neuswarts bei Tann

Abb. 5: Haufendorf: Ortsgrundriß von Pferdsdorf

wickelte Haufendörfer. Vorzugsweise entstanden die Dörfer in Talauen von Mündungsgebieten, wie zum Beispiel das thüringische Dorf Pferdsdorf (Abb. 5). Diese Siedlung entstand in einer Talaue des Mündungsgebietes der Mosa in die Ulster. Begünstigt wurde die Dorfentwicklung zusätzlich durch eine hier verlaufende Furt. Die hinreichend große Talaue erlaubte eine Dorfgestaltung, die in etwa zwei Längsachsen und vier über den Bach verlaufende Querachsen aufweist. Ein zentraler Dorfplatz mit Dorflinde sowie ein am Ortsrand gelegener Kirchenbezirk vervollständigen das bebaute Ortsgebiet.

Während im nördlichen und östlichen Rhönvorland eine eher runde bis ovale Form des Haufendorfes überwiegt, zwangen die meist recht engen Gebirgstäler zur Anlage langgezogener Haufendörfer entlang des Bach- oder Flußlaufes, wie etwa der Ulster und der Brend. Die Gemeinden Seiferts, Ober- und Unterriedenberg oder Oberweißenbrunn bieten hierfür anschauliche Beispiele.

Weitere Haufendörfer weisen einen stark zerfaserten Grundriß auf, indem sie sich durch die Anpassung an das Gelände in vorhandene kleine Gebirgseinschnitte hinein ausbreiteten. Dies ist der Fall bei den bayerischen Breitenbach, Kothen und Motten sowie dem hessischen Wendershausen (Abb. 6).

Abb. 6: Unregelmäßiges Haufendorf: Wendershausen

Vor allem im nördlichen Teil der Rhön entwickelte sich daneben die Form des Angerdorfes. Bei diesem scharen sich die Höfe gleichberechtigt um einen relativ großen, langgestreckt-ovalen Platz, der mindestens an jedem der beiden Enden eine freie Zufahrt aufweist. In früheren Zeiten diente der Anger sowohl als Wirtschaftsfläche als auch zum Abhalten von Dorffesten. Häufig befand sich hier auch ein Dorfteich, aus dem das Vieh getränkt und Löschwasser gewonnen werden konnten. Gut ausgebildete Dorfanger besitzen heute zum Beispiel noch Rasdorf oder Kaltenlengsfeld (Abb. 7).

Abb. 7: Angerdorf Rasdorf

III.2 Straßendörfer

Die Siedlungsform der Straßendörfer entwickelte sich meist entlang der Fluß- oder Bachläufe in engen Tälern, aber auch an schon vorhandenen Verkehrswegen.

In den reichen Straßendörfern des Saaletals stehen die Gehöfte dicht gedrängt, überwiegend in gleicher Achsen- und Frontstellung, mit der Stirnseite zur Straße und sind durch Mauern und Hoftore abgeschlossen.[15] Ein solches, ausgesprochen langgestrecktes Straßendorf ist zum Beispiel Brendlorenzen bei Bad Neustadt. Die Straße wird hier in typischer Art von den Bauernhöfen eingesäumt, deren Wohnhäuser, in leicht versetzter Gie-

Abb. 8: Straßendorf Brendlorenzen bei Neustadt/Saale

belstellung, durch Hoftormauern miteinander verbunden sind (Abb. 8).

Im Tal der Kleinen Sinn dominieren dagegen Straßendörfer, die sich durch ein lockeres Nebeneinander von kleineren, mit wenig Nebengebäuden ausgestatteten und selten streng geschlossenen Hofräumen auszeichnen. Die giebelseitigen Haupthäuser stehen nicht senkrecht, sondern im schiefen Winkel zur Straße.

Gleichzeitig existieren sogenannte offene Straßendörfer wie Frankenheim, Speicherz oder Wolferts.

Dort reihen sich entlang der Straße giebel- und traufständige Hofanlagen in lockerer Mischung und zum Teil größeren Abständen aneinander (Abb. 9).

Weiterhin gibt es vor allem in der thüringischen Rhön vielfach Mischformen von Haufen- und Straßendörfern, wie zum Beispiel Sünna oder Neidhartshausen.

Abb. 9: Unregelmäßiges Straßendorf Wolferts

III.3 Weiler

Vor allem in der westlichen Kuppenrhön tritt heute eine andere Siedlungsform vermehrt auf: der Weiler (Abb. 10). Zu diesen Weilern schließen sich wenige, meist nur vier bis sechs, Höfe zusammen. Diese Art der Ansiedlung findet sich vorzugsweise in hügeligem und weniger fruchtbarem Gelände, das nur einer geringen Anzahl von Siedlern in erreichbarer Entfernung der Felder ausreichend Nahrung zu bieten vermag. Schwarzerden, Günthersberg oder Danzwiesen mögen als exemplarische Weiler der westlichen Kuppenrhön gelten. Allerdings ist davon auszugehen, daß zu Beginn der Rhönbesiedelung Weiler wesentlich zahlreicher als heute vorhanden waren. In ertragreicheren Regionen bildeten sich diese Ansiedlungen jedoch zu Haufendörfern weiter, indem neue Dorfbewohner hinzukamen.

Abb. 10: Weiler in der hessischen Rhön

III.4 Befestigte Dörfer

Vor allem in politisch umstrittenen Grenzregionen der Rhön kam es schon im späten Mittelalter und in der frühen Neuzeit zu charakteristischen Sonderausbildungen im Siedlungswesen. So erhielten bereits im 15. und 16. Jahrhundert zahlreiche Dörfer entlang der Werra und der Saale eine Dorfbefestigung aus Mauern und Türmen. Eine solche noch weitgehend erhaltene Ringmauer von 1580/91 weist zum Beispiel das ehemals hennebergische Dorf Stetten auf[16] (Abb. 11). Auch Herpf, Bettenhausen, Stepfershausen oder Walldorf besaßen bzw. besitzen noch heute Reste derartiger Dorfbefestigungen, die meist aus dem 16. Jahrhundert stammen.

Abb. 11: Befestigtes Dorf Stetten

In Herpf[17] existieren sogar mehrfache Befestigungsringe. Um den Burgkirchhof zieht sich ein mit Mauern umgebener innerer Kern von Häusern, um diesen wiederum das durch Mauern und Wallgräben befestigte, langgezogene und nach außen abgerundete Hauptdorf. Während der innere Dorfkern einen unregelmäßigen Charakter aufweist, besitzt die äußere Ansiedlung eine regelmäßigere Struktur (Abb. 12).

Auch die in dieser Region oft anzutreffenden „Scheunenranddörfer" weisen letztlich fortifikatorischen Charakter auf. Einen noch gut sichtbaren Scheunenrand besitzt das heute bayerische Dorf Unterwaldbehrungen, das schon unter Karl dem

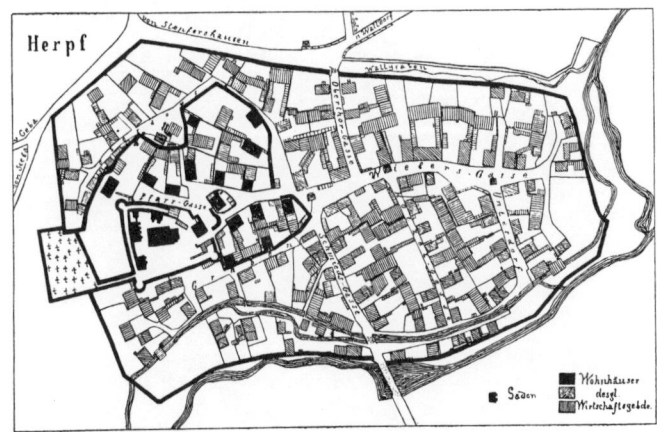

Abb. 12: Befestigtes Dorf Herpf. Darstellung der Befestigungsringe

Großen urkundliche Erwähnung fand. Die Ortsstruktur selbst ist fischgrätenförmig. Von der leicht geschwungenen Durchgangsstraße zweigen Stichstraßen ab, an denen die Wohnhäuser traufständig aneinandergereiht sind. Diese Nebengassen münden in platzartige Erweiterungen vor den Scheunen, die giebelseitig aufgereiht sind und so

Abb. 13: Scheunenranddorf in der bayerischen Rhön: Unterwaldbehrungen

einen Gürtel um das insgesamt oval angelegte Dorf bilden (Abb. 13 + 14).

Die Gründe für die Anlage von befestigten Dörfern sind noch nicht restlos geklärt. In seinem Buch über die Dorfbilder im Henneberger Land (1906) behauptet Eduard Fritze, daß die Gründung dieser Dörfer zumeist im frühen und hohen Mittelalter erfolgte, als diese Region noch das militärische Grenzland zwischen den fränkischen Kolonisten und dem wendischen/slawischen Gebiet darstellte. Die zum Schutz gegen die Wenden angelegten Wälle und Gräben seien dann ab dem späten Mittelalter von den damals etablierten

Abb. 14: Unterwaldbehrungen: Ortsgrundriß

Machthabern – vor allem den Grafen von Henneberg und dem Bistum Würzburg – mit Mauern, Türmen und Schießscharten ausgebaut worden, um sich vor gegenseitigen Übergriffen zu schützen.[18]

Ehemals sozialistische Historiker betonen dagegen einen bäuerlich-genossenschaftlichen Ursprung. Demnach seien die Befestigungen als Schutzmaßnahme der bäuerlichen Dorfgemeinde gegen Krieg, Not und Verelendung im Prozeß der „feudalen" Staatsentwicklung entstanden.[19]

Tatsächlich wird aber der Grund für die Ausbildung befestigter Dörfer in den heftigen Fehden der unterschiedlichen Herrschaften in dieser Region zu suchen sein. Wie in Kapitel II. beschrieben, war die Rhön im Mittelalter und der frühen Neuzeit umstrittenes Terrain zwischen den rivalisierenden Bistümern Würzburg und Fulda. Gleichzeitig versuchten sich adlige Herren gegen diese beiden Mächte zu behaupten. Die Entstehung der befestigten Dörfer dürfte insofern auf diesen Umstand zurückzuführen sein.

Abb. 15: Streusiedlung Rommers bei Gersfeld

III.5 Streusiedlungen und Einzelhöfe

Ebenfalls staatspolitische Hintergründe hatte die Anlage von Streusiedlungen in der westlichen Kuppenrhön, die vor allem im 17. und 18. Jahrhundert auf Betreiben der Reichsabtei Fulda entstanden.[20] Mehrere Einzelhöfe stehen dabei durch einen gemeinsamen Weg in einer losen Verbindung zueinander (Abb. 15). Die heutige Gemeinde Steinwand bildet mit ca. 84 Hofstellen eine der größten Streusiedlungen in der Bundesrepublik. Weitere Beispiele dieser Siedlungsform sind etwa Schachen oder Maiersbach.

Daneben finden aber auch isoliert stehende Einzelgehöfte, die ihre Existenz ebenfalls hauptsächlich der Förderung durch die fuldische Obrigkeit verdanken, hier seit dem 17. Jahrhundert eine weite Verbreitung. Bis in die Gegenwart erhalten hat sich etwa östlich von Friesenhausen der Heckenhof – bestehend aus einem Fachwerkwohnhaus, Wirtschaftsgebäuden und dem ein wenig abseits erbauten Backhaus.

Mit dieser Anlage von Streusiedlungen und Einzelhöfen verfolgte die Abtei Fulda mehrere Ziele zugleich: Zunächst suchte sie – wie bereits erwähnt – den territorialen Anspruch im Grenzgebiet zu Würzburg zu demonstrieren und zu festigen. Gleichzeitig betrachtete man diese Siedlungsformen als ökonomisch sinnvoll. Fiskalische und bevölkerungspolitische Motive, insbesondere das Bemühen um eine Ansiedlung nicht erbberechtigter Bevölkerungsteile, bildeten den Hintergrund dieser Maßnahme. Weiterhin gewährleistete die Vereinigung von Hofstellen und Wirtschaftsflächen zu meist geschlossenen (= „arrondierten") Besitzkomplexen eine rationale Betriebsgestaltung. Die Möglichkeit der freien Bewirtschaftung mit individuellen Fruchtfolgen, die Vermeidung nachbarschaftlicher Streitigkeiten sowie Zeitersparnis bei der Aussaat und den Erntearbeiten bildeten die Gründe, weshalb die fuldische Regierung die Anlage von Streusiedlungen und Einzelhöfen bevorzugte.

III.6 Planmäßige Dörfer

Im krassen Gegensatz zu diesen fuldischen Streusiedlungen und Einzelhöfen stehen die planmäßigen Straßendörfer, welche das Bistum Würzburg im Rahmen seiner Siedlungspolitik anlegen ließ. Prägende Merkmale dieser Siedlungsform sind eine eng geschlossene Straßenzeile, der rechteckige Umriß der kurzen, dicht gedrängten Häuserreihen sowie das Vorhandensein breiter, gerader Straßen. Als anschauliche Beispiele dieser territorialen Siedlungskonzeption – vor allem im Grenzgebiet zu Fulda – können die Ortschaften Langenleiten, Waldberg und Sandberg gelten, deren Errichtung nachweislich auf eine planmäßig betriebene Siedlungspolitik im 17. Jahrhundert zurückzuführen ist (Abb. 16). Nach der Reorganisation der Forstverwaltung unter Erzbischof Julius Echter und

Abb. 16: Planmäßiges Dorf Waldberg

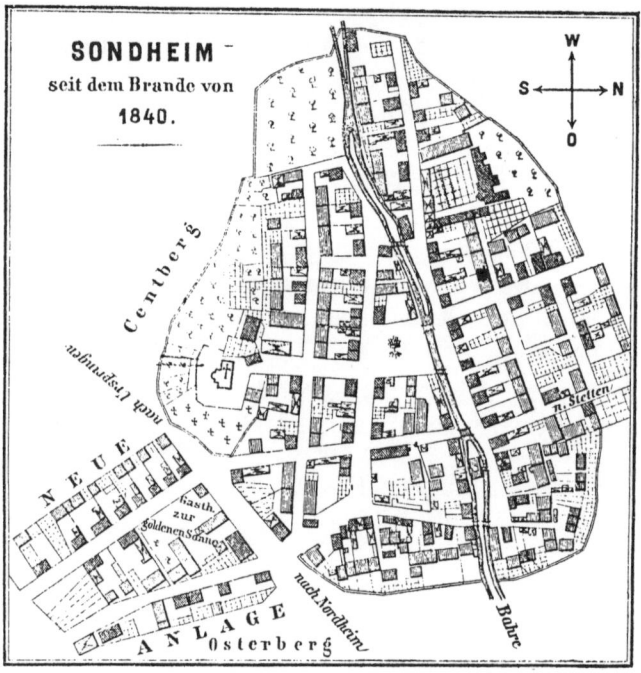

Abb. 17: Sondheim nach dem Brand von 1840

dem Ende des Dreißigjährigen Krieges begann das Bistum Würzburg zur Erhöhung der direkten Steuereinnahmen eine zielstrebige Besiedelung des Salzforstes, wobei jedem Kolonisten ca. 12 bis 13 ha Nutzfläche zugestanden wurden.[21] Wie in anderen Territorialstaaten bevorzugte man bei den Neugründungen regelmäßig gestaltete Anlagen, die zugleich den Ausdruck einer absolutistischen Durchdringung der Lebensweise der Untertanen darstellen sollten.

Im 18. und 19. Jahrhundert wurde dann das Konzept der planmäßigen Dorfgestaltung auch auf bereits bestehende Ortschaften übertragen. Meist gab hier ein umfassender Dorfbrand den Anlaß zum regelmäßigen Neuaufbau einer vormals eher ungeordneten Dorfstruktur. So wurde das bayerische Sondheim nach einem Brand im Jahre 1840 in festgelegten Parzellen wiedererrichtet[22] (Abb. 17). Das thüringische Dorf Klings brannte im Jahre 1872 weitgehend nieder. Nach der Zerstörung umbaute man den Dorfanger mit regelmäßig ausgerichteten Höfen, die als rückwärtigen Hofabschluß jeweils Scheunen aufwiesen.

IV. GEHÖFTFORMEN

Zu einem landwirtschaftlichen Anwesen gehören in der Regel ein Haupthaus und verschiedene, zumeist wirtschaftlich genutzte Nebengebäude, die sich zu einem Gehöft zusammenschließen. Ein solches Gehöft bildet das Wirkungszentrum bzw. den Schwerpunkt der bäuerlichen Arbeits- und Lebenswelt und ist insofern auch von entscheidender Bedeutung für die dörfliche Gesamtstruktur.

Unter der Gehöftform ist diejenige Art und Weise zu verstehen, nach der die einzelnen Gebäude eines Hofes, in der Regel Wohnhaus, Stall und Scheune, zueinander plaziert sind. Gehöftform und Hofgröße hängen dabei von den wirtschaftlichen Verhältnissen des jeweiligen Hofbesitzers ab.[23] In diesem Rahmen lassen sich verschiedene typische Arten von Gebäudeanordnungen auf den Höfen der Rhön feststellen: So existieren hier quergeteilte Einhäuser, Streckhöfe, zwei-, drei- und vierseitige Hofanlagen, Doppelhöfe und unregelmäßige Formationen.

Allerdings ist bei einer Betrachtung zu beachten, daß fast alle Gehöfte im Laufe der Zeit Veränderungen erfahren haben, sei es durch Erweiterungsbauten oder durch funktionale Umnutzungen. Im folgenden sollen nun die in der Rhön vorhandenen Grundformen der Gehöftbildungen eingehender dargestellt werden.

IV.1 Quergeteilte Einhäuser

In jüngster Zeit erst befand ein Werk über die Hauslandschaften Deutschlands, daß die Rhön zum Verbreitungsgebiet des quergeteilten Einhauses gehöre.[24] Auch Berichte von Rhönreisenden des 19. Jahrhunderts geben darüber Auskunft, daß diese Bauform in der Region früher weit verbreitet gewesen sein soll.[25]

Bei diesem Gehöfttyp reihen sich sämtliche Wohn- und Wirtschaftsbereiche unter einem Dach aneinander. An ein in der Regel zweigeschossiges, dreizoniges Wohnstallhaus, das sich aus Stubenzone, Flur- und Küchenzone sowie Stallzone zusammensetzt, fügt sich dabei eine Scheunenzone direkt an.

Heute sind quergeteilte Einhäuser in der Rhön jedoch praktisch nicht mehr vorhanden. Diese Bauform läßt sich meist nurmehr durch archivalische Belege oder seltene bauliche Spurenfunde nachweisen. So fiel beispielsweise bei der Besichtigung der alten Schule in Hofbieber auf, daß dieses in Stockwerksbau errichtete Gebäude am östlichen Rückgiebel durch beide Stockwerke durchlaufende Ständer aufweist. Die Vermutung lag daher nahe, daß die Erbauer dieses Hauses möglicherweise auf der blickabgewandten Seite eine „primitivere" Bauweise bevorzugten. Durch Auswertung archivalischer Quellen[26] konnte jedoch belegt werden, daß dieser Gebäudeabschnitt ursprünglich eine Tenne beherbergte. Neben der Tenne befanden sich ein Stall und die Wohnstube des damaligen Lehrers, dann folgte die Ern-/Küchenzone, von der aus das Schulzimmer auf der westlichen Giebelseite erschlossen wurde. Die Wirtschaftsteile dieses Einhauses dienten insofern dem landwirtschaftlichen Nebenerwerb des jeweils dort wohnhaften Lehrers (vgl. Kap. VIII.1).

Das quergeteilte Einhaus ist auch in anderen Regionen Mitteldeutschlands vorzugsweise bei kleineren bäuerlichen Anwesen und in gebirgigen Lagen zu finden. Dies hing im wesentlichen damit zusammen, daß die Bauweise relativ holzsparend war, da die Hofbestandteile, wie Wohnhaus, Stall und Scheune, nicht einzeln abgezimmert werden mußten.[27]

IV.2 Streckhöfe

In der Rhön begegnet man gelegentlich auch den sogenannten Streckhöfen. Diese sind dadurch gekennzeichnet, daß sich das Wohnstallhaus und die Scheune in einer Firstrichtung aneinanderreihen.

Abb. 18: Streckhof in Abtsroda

Abb. 19: Zweiseithof in Kleinsassen

Abb. 20: Dreiseithof in Schleid

Im Gegensatz zum quergeteilten Einhaus ist hier jedoch eine konstruktive Trennung zwischen Wohnstallhaus und Scheune vollzogen, so daß beide Gebäude ein eigenes Dach besitzen. Beispiele dieser Art der Hofanlage weist etwa Abtsroda auf (Abb. 18).

IV.3 Zweiseithöfe/Winkelhöfe

Als besonders typisch für die Rhön können Zweiseit- bzw. Winkelhöfe gelten. Diese Hofform bilden ein meist giebelständig zur Straße stehendes Wohnstallhaus und eine winkelrecht dazu erbaute Scheune auf der Rückseite des Grundstücks (Abb. 19). In Dörfern mit geschlossener Bebauung drängen sich die Zweiseithöfe oft so dicht, daß die dritte Seite des Hofraumes bereits durch das Nachbargehöft begrenzt wird. Gleichzeitig bildet sich auf der Rückseite der Hofanlagen eine Art Scheunengürtel heraus.

IV.4 Dreiseithöfe

Ebenfalls weite Verbreitung finden in der Rhön die Dreiseithöfe. In der Regel bestehen diese aus einem Wohnstallhaus, einem parallel dazu stehenden Auszugshaus für die ältere Generation (ein sogenanntes Ellerhaus) und einer Scheune, die den rückwärtigen Hofabschluß bildet (Abb. 20).

In einer abgewandelten Form des Dreiseithofes stehen sich Wohnstallhaus und Scheune parallel gegenüber. Der rückwärtige Hofabschluß wird dann durch einen weiteren Wirtschaftsbau (Stall oder Schuppen) gebildet. Diese Gebäudeanordnung ist häufig in der thüringischen Rhön anzutreffen.

Allgemein ist jedoch anzumerken, daß vor allem in den letzten Jahrzehnten vielfach ältere Haupthäuser, Auszugshäuser oder Scheunen durch Neubauten, die an gleicher Stelle errichtet wurden, ersetzt worden sind.

IV.5 Vierseithöfe

In einigen Orten der Rhön treten darüber hinaus auch Vierseithöfe auf.[28] Bei diesen Hofanlagen gruppieren sich zu Haupthaus und Scheune noch weitere Wirtschaftsgebäude. Sie stammen jedoch meist aus dem 19. Jahrhundert oder 20. Jahrhundert. Häufig sind die Gebäude dabei recht locker angeordnet.

Manche Bauern gingen jedoch noch einen Schritt weiter und ließen Eckgebäude ineinander übergehen, so daß der Vierseithof zu einem Vierkanter wird, wie zum Beispiel bei einem Hof in Reinhards. Dies hatte den Vorteil, daß hier ein bequemer Durchgang von einem Lagerraum zum anderen gewährleistet war (Abb. 21).

Außerdem dokumentiert sich in dieser Gehöftform ein neues Selbstbewußtsein der Bauern, die im 19. Jahrhundert durch die Ablösung der alten Bindungen an die Grundherrschaft erst zu Eigentümern ihrer Höfe wurden. Vierseithöfe oder Vierkanter demonstrierten diese neue „Abgeschlossenheit" des Besitzes.

Abb. 21: Vierseithof in Reinhards

Abb. 22: Doppelhof in Stetten

IV.6 Doppelhöfe

Als ein markantes Merkmal vor allem des nordöstlichen Teiles der heute bayerischen Rhön kann das dortige vermehrte Auftreten von Doppelhöfen gelten. Die Gebäude dieses Hoftyps weisen dabei, wie die Anlagen des Dorfes Stetten zeigen, unterschiedliche Gruppierungen auf. Das Anwesen Am Gänseteich 2–4 besitzt zum Beispiel zwei giebelseitig aneinandergebaute, zur Straße traufständige Haupthäuser mit einer gemeinsamen Hofeinfahrt. Winkelrecht dazu stehen schmalere Stallgebäude. Auf der Rückseite des Hofes befinden sich zwei an den Giebeln zusammengefügte Scheunen. Die Haupthäuser werden von der Hofseite aus erschlossen (Abb. 22).

Eine weitere Möglichkeit der Anordnung besteht darin, daß zwei Haupthäuser giebelseitig zur Straße, jedoch hintereinander aufgereiht sind. Auf der Rückseite des Hofes steht dann winkelrecht dazu eine Doppelscheune. Zwischen diese und das Hauptgebäude können sich noch zusätzliche Stallgebäude schieben.

Bei einer leicht abgewandelten Formationsart sind die Hauptgebäude parallel zueinander und giebelseitig zur Straße ausgerichtet. Den rückwärtigen Hofabschluß bildet dann wiederum eine Doppelscheune.

Die Gründe für das Entstehen dieser Spezialform der Hofanlagen liegen noch im Dunkeln. Forschungen des Freilandmuseums Fladungen ergaben[29], daß solche Doppelhöfe vorzugsweise in Dörfern vorkommen, die unter verschiedenen Reichsritterschaften aufgeteilt waren. Dies konnte anhand der Ortschaften Oberhohenried und Serrfeld nachgewiesen werden. Hier gruppierten sich vermutlich auf ausgewiesenen Bauplätzen die Untertanen der jeweiligen Herrschaft. Allerdings trifft dies für das oben angeführte Beispiel Stetten nicht zu, so daß hier in Zukunft noch andere Ursachen ausfindig zu machen sind.

IV.7 Unregelmäßige Hofanlagen

Zahlreiche Weiler und unregelmäßige Haufendörfer weisen schließlich Hofanlagen auf, deren Gebäude nach keinem festen Schema angeordnet sind. Hier passen sich die Gehöfte den jeweiligen Gelände- und Platzverhältnissen an. So findet man zum Teil traufständige Wohnstallhäuser und in ungefähr gleicher Firstrichtung, jedoch etwas von der Straße zurückgesetzt stehende Scheunen. Vor allem kleinbäuerliche Anwesen und solche, die Landwirtschaft nur als Nebenerwerb betreiben, zeigen häufig völlig unsystematische Gebäudeanordnungen.

Die Darstellung der Gehöftformen zeigt, daß sich in der Rhön entsprechend der in Kapitel I geschilderten Vielfalt der Bodenertragsfähigkeit unterschiedliche Gehöfttypen – je nach wirtschaftlichem Bedarf- herausbildeten. In Gebieten mit fruchtbarem Lößboden, wie zum Beispiel im nordöstlichen Rhönvorland, konnten sich Drei- bis Vierseithöfe mit stattlichen Wohnstallhäusern als Hauptgebäude etablieren. Die rauheren Verhältnisse der übrigen Rhön erlaubten dagegen häufig nur eine begrenzte landwirtschaftliche Nutzung. Dementspre-

chend sind die Gehöftformen hier wesentlich bescheidener ausgebildet.

Grundsätzlich ist allerdings nochmals zu betonen, daß die hier vorgestellten Grundformen der Rhöner Gehöfte im Laufe der Zeit oftmals bauliche Veränderungen erfahren haben. So wandelten sich beispielsweise infolge wachsender wirtschaftlicher Anforderungen Zweiseithöfe zu Dreiseithöfen, Dreiseithöfe entsprechend zu Vierseithöfen. Vor allem die Einführung der Stallfütterung gegen Ende des 18. und insbesondere im 19. Jahrhundert erbrachte hier einschneidende Umstellungen. Bis zu diesem Zeitpunkt wurde das Rindvieh im Sommer durchgängig auf der Weide gehalten. Während dann im Winter das wertvolle Zug- und Zuchtvieh im Wohnstallhaus untergebracht war, schlachtete man die übrigen Tiere für den Markt oder für den Eigengebrauch. Gegen Ende des 18. Jahrhunderts propagierten jedoch diverse Ökonomen eine ganzjährige Aufstellung des Viehs im Stall. Hierdurch sollte gewährleistet werden, daß der Dung nicht auf der Weide unnütz verschwendet wurde, sondern im Stall gesammelt werden konnte. Mit diesem sollte dann eine Düngung der Felder erfolgen und somit eine Ertragssteigerung im Ackerbau herbeigeführt werden.[30]

Diese wirtschaftliche Veränderung erforderte auch bauliche Maßnahmen zur Vergrößerung der Ställe und Scheunen, wodurch die ursprünglichen Gehöftformen eine bedeutsame Abwandlung erfuhren.

V. HAUSTYPEN UND GEBÄUDEFORMEN

Im Untersuchungsgebiet findet man heute noch eine Fülle unterschiedlicher ländlicher Haustypen und Hausformen. Der Begriff des Haustyps erfaßt eine größere Gruppe von Gebäuden, denen jeweils wesentliche Merkmale des Grund- und Aufrisses gemeinsam sind. Der Haustyp kann jedoch in seiner Erscheinungsweise variieren, so daß ein Typ unterschiedliche Bauformen aufweisen kann.

Der Baugestalt eines Hauses lag in früheren Jahrhunderten nicht der Entwurf eines Architekten zugrunde. Sie ist vielmehr das Ergebnis überlieferter Baugewohnheiten, die von Region zu Region unterschiedlich sein konnten. Überwiegend wurden diese Bautraditionen von den vorgegebenen geographischen und wirtschaftlichen Verhältnissen beeinflußt. Sowohl das Geländerelief als auch die Ertragsfähigkeit des Bodens bestimmten die Bauweise der Häuser. Auf diesem Hintergrund entwickelten sich eigenständige Groß- und Kleinbauernhäuser ebenso wie typische Gebirgshäuser und eher den gemäßigten Zonen zugehörige Formen.

Die Rhöner Hauslandschaft präsentiert sich in der Wirklichkeit nicht immer so übersichtlich, wie es in der folgenden Darstellung erscheinen mag. Die Übergänge zwischen den einzelnen Hausformen sind, ähnlich wie bei den geschilderten Gehöfttypen, oft fließend, vielfach auch verwirrend. Die jahrhundertelange Grenzsituation dieser Mittelgebirgslandschaft bewirkte zudem, daß die Region besonders vielfältige Bauformen in sich vereinigt. Dies läßt sich zum Teil durch Beeinflussungen aus den jeweiligen Nachbargebieten erklären. Allerdings sind die tatsächlichen Ursachen und Wirkungsmechanismen häufig nur zu vermuten, so daß an vielen Stellen weitergehende Forschungen nötig wären. Dennoch soll hier versucht werden, eine „Typologie" der Rhöner Bauformen zu erstellen.

V.1 Bauweisen der Wohnhäuser

Das zentrale, wesentliche Gebäude einer Hofanlage stellt naturgemäß das Wohnhaus dar, dessen Grundrißkonzeption zu früheren Zeiten einem weitgehend festen Schema unterlag. In der Rhön herrschte dabei – wie im übrigen mitteldeutschen Gebiet – der Typ des dreizonigen Ernhauses vor.

Bei diesem handelt es sich um ein in der Regel traufseitig erschlossenes Haus, in dem sich Stube, Flur-/Küchenzone und Stall unter einem Dach aneinanderreihen. In Abhängigkeit von den jeweiligen wirtschaftlichen und geographischen Verhältnissen haben sich in der Rhön jedoch verschiedene Ausprägungen dieser Grundform entwickelt.

V.1.1 Eingeschossiges Ernhaus

Sehr zahlreich anzutreffen sind heute noch eingeschossige Ernhäuser, die sich zum großen Teil in der weitgehend originalen Dreizonigkeit von giebelseitiger Stube, mittlerer Ern-/Küchenzone und Stall erhalten haben. Diese Hausform kann vor allem den höher gelegenen Regionen mit geringen landwirtschaftlichen Erträgen und rauhem Klima zugerechnet werden.

Besonders häufig finden sich eingeschossige Ernhäuser zum Beispiel in den Lagen der weniger fruchtbaren Kuppen- und Hohen Rhön. So weist das in der Hohen Rhön gelegene thüringische Frankenheim fast ausschließlich eingeschossige Ernhäuser auf. Aber auch in gemäßigteren Zonen besitzen landwirtschaftliche Betriebe mit mittlerer und niedriger Ertragsfähigkeit oft nur eingeschossige Ernhäuser (Abb. 23–25).

Auch bei den bereits erwähnten Ellerhäusern herrscht vielfach der eingeschossige Ernhausbau vor, während das diesem Auszugshaus gegenüberliegende Haupthaus zweigeschossig errichtet sein kann.

Die im Vergleich zu anderen Gebieten Mitteldeutschlands hier häufig vorkommende Form des eingeschossigen Ernhauses ist auf die in einigen Regionen der Rhön zutage tretende relative Armut der Hofbesitzer in früheren Zeiten zurückzuführen. Darüber hinaus kann die Dominanz der eingeschossigen Bauweise vor allem in der westlichen Rhön auch dadurch erklärt werden, daß bei dieser Bauweise eine geringere Wandfläche der Witterung ausgesetzt war.[31]
Insofern kann das eingeschossige Ernhaus als eine typische Erscheinung der westlichen Rhöner Bauweise gelten.

Abb. 23: Eingeschossige Ernhäuser in Seiferts (historisches Foto)

Abb. 24: Ernhaus in Seiferts (historisches Foto)

Abb. 25: Eingeschossiges Ernhaus in Neidhartshausen

V.1.2 Zweigeschossiges Ernhaus

Eine Weiterentwicklung des eingeschossigen Ernhauses stellt das zweigeschossige Ernhaus dar. Diese Variante tritt insbesondere im nördlichen und östlichen Rhönvorland auf und ist mit den fruchtbareren Böden der thüringischen Vorderrhön und der östlichen bayerischen Rhön entlang der Saale in Verbindung zu bringen. In der Regel han-

Abb. 26: Zweigeschossiges, dreizoniges, mitteldeutsches Ernhaus in Sünna. Stallzone in Fachwerk erneuert (historisches Foto).

delt es sich bei diesen Gebäuden um giebelständige Haupthäuser von Zwei- oder Dreiseithöfen. Auch die zweigeschossigen Ernhäuser sind meist dreizonig, d.h. Stube, Ern/Küche und Stall reihen sich im Erdgeschoß aneinander. Das Obergeschoß dient dann meist zur Unterbringung zusätzlicher Kammern (Abb. 26).

Die Viehausdünstungen in der Stallzone führten jedoch oftmals zu einem Faulen der Fachwerkhölzer in diesem Bereich. Deshalb wurde die Stallzone vielfach gegen Ende des 19. oder zu Beginn des 20. Jahrhunderts entweder in Fachwerk oder massiv mit Backsteinen erneuert. Meist wurden die Ställe bei dieser Gelegenheit ganz aus dem Wohnhaus entfernt.

Neben den dreizonigen, zweigeschossigen Ernhäusern existieren vor allem im nördlichen Rhönvorland, aber auch in der nordwestlichen Kuppenrhön, vier- und fünfzonige Häuser. Bei diesen Gebäuden erfuhr die Stallzone eine Verdoppelung bzw. Verdreifachung. Eine derartige Vergrößerung des Stallbereichs ist Ausdruck der teilweise ausgeprägten Viehhaltung in den entsprechenden Regionen der Rhön (Abb. 27).

Abb. 27: Zweigeschossiges, fünfzoniges, mitteldeutsches Ernhaus in Mittelaschenbach

V.1.3 Kniestockhaus

Ein weiterer, in der Rhön vertretener Haustyp ist das Kniestockhaus. Der Kniestock ist eine besondere Konstruktionsform des Daches. Bei ihm werden die beiden Traufwände über den Boden des Dachraumes um ca. 60 bis 80 cm höher gezogen. An die Stelle eines dreieckigen Dachraumes tritt so im Kniestockhaus ein fünfeckiger. Kniestockbalken, Kniestockwand und Dachhölzer bilden im Querschnitt betrachtet ein Knie, woraus der Begriff „Kniestock" abgeleitet ist, welcher allerdings keine volkstümliche Bezeichnung darstellt, sondern auf die Terminologie der Architekten zurückgeht.

Im westlichen Teil der hessischen Rhön tauchte diese Konstruktionsart schon relativ frühzeitig auf. Ein älteres Beispiel eines Kniestockhauses bietet das Haus Kirchweg 1 in Heubach. Das heute sich als zweigeschossiges, dreizoniges Ernhaus präsentierende Gebäude wurde 1612 (i) als Kniestockhaus errichtet. Dies ist sowohl anhand einer überlieferten photographischen Aufnahme als auch an der noch vorhandenen Baukonstruktion erkennbar. Rußspuren im Inneren des Gebäudes deuten an, daß das ursprüngliche Kniestockhaus nach einem Brand (möglicherweise während des 30jährigen Krieges) durch das Aufsetzen einer Dreiviertelwand in ein zweistöckiges Gebäude umgewandelt wurde. Zu Beginn des 20. Jahrhunderts ersetzte man schließlich diese „zusammengestückelte" Konstruktion auf der Straßenseite durch eine neue Fachwerkabzimmerung im 2. Geschoß, wobei jedoch auf der Rückseite der alte Kniestock mit dem aufgesetzten Wandteil erhalten blieb (Abb. 28).

Während in der westlichen Rhön Kniestockhäuser bereits im 17. Jahrhundert auftraten, wurde diese Konstruktion in der thüringischen Rhön erst im 19. Jahrhundert heimisch. Um einen größeren Dachraum zu schaffen, stattete man hier vielfach auch bereits bestehende Gebäude mit einem zusätzlichen Kniestock aus (Abb. 29).

Das relativ frühe und gehäufte Auftreten der Kniestockhäuser im Westen der Rhön und das späte Aufgreifen dieser Konstruktionsart im Osten lassen vermuten, daß diese Bauform vom Südwesten her in die Hauslandschaft der Rhön eingedrungen ist. Als Kerngebiet ist der mittelbadische Raum anzusehen. Die Ursprünge dieses Haustyps und die Gründe für seine Verbreitung konnten

Abb. 28: Ehemaliges Kniestockhaus von 1612. Historisches Foto. Später zum Wohnhaus mit zwei Vollgeschossen umgebaut.

Abb. 29: Mitteldeutsches Ernhaus mit nachträglichem Kniestockaufbau in der thüringischen Rhön

bisher von der Forschung allerdings noch nicht zur Genüge geklärt werden. Hermann Schilli hatte das mittelbadische Kniestockhaus ursprünglich als das Ergebnis einer vom Elsaß ausgehenden mittelalterlichen Kulturbewegung gesehen.[32] Später vertrat er die Ansicht, daß das Kniestockhaus möglicherweise bereits im 8. Jahrhundert von niederrheinischen und flämischen Siedlern nach Südwestdeutschland mitgebracht worden sein könnte.[33] Peter Assion und Rolf Wilh. Brednich bringen dagegen das Auftreten des Kniestocks mit der Agrarkonjunktur und dem Vordringen des Getreideanbaues in Verbindung. Durch den vergrößerten, fünfeckigen Dachaufbau entstehe eine vermehrte und obendrein leichter zugängliche Lagerfläche für die trockene Aufbewahrung von Körnerfrüchten. Sie nehmen daher an, daß vor allem veränderte Wirtschaftsformen im 16. Jahrhundert ein Bedürfnis zur Umgestaltung der Dachkonstruktion mit sich gebracht haben.[34]

V.1.4 Vertikales Wohnstallhaus

Eine zu früheren Zeiten in der Rhön weit verbreitete, heute jedoch im Verschwinden begriffene Hausform bildet das vertikale Wohnstallhaus. Bei diesem befinden sich im hohen massiven Untergeschoß die Stallung für das Rindvieh sowie ein Kellerraum, der zur Einlagerung von Kartoffeln, Rüben oder Kraut genutzt wird. Darüber liegt in der Regel ein dreizoniges Fachwerkgeschoß, das die Wohnung beherbergt. Die auch hier mittige Ernzone wird über eine hohe Außentreppe erreicht, zu ihren Seiten sind eine Stube und Kammern angeordnet.

Herkunft und Entstehungsgründe dieses Haustyps sind – wie beim Kniestockhaus – noch nicht eindeutig zu erklären. Auffallend ist jedoch, daß diese Hausform auch in anderen Regionen vor allem bei kleinbäuerlichen Anwesen eine Anwendung fand. Gelegentlich führen Hausforscher das vertikale Wohnstallhaus auf einen Raummangel des Siedlungsplatzes zurück. Ebenso wird häufig eine starke Neigung im Bodenrelief als Begründung für die Stelzung angenommen, da sich durch den steinernen Unterbau Geländeunregelmäßigkeiten besser ausgleichen lassen und zugleich wirtschaftlich nutzbare Räume geschaffen werden können. Andere Forscher halten den Wärmehaushalt für das entscheidende Moment: Die Unterbringung des Stalles unter dem Wohnbereich besaß nämlich den Vorteil, daß die Ausdünstungen des Viehs zugleich die darüberliegende Wohnung erwärmten. Schließlich wird auch die in vielen ehemaligen Territorialstaaten erlassene Verordnung, die auf jeder Hausseite eine Mindestsockelhöhe von drei Fuß vorschrieb, für die „Stelzung" des Wohnteils verantwortlich gemacht. Da diese Bestimmung auch für Gebäude galt, die gegen einen Hang gebaut waren, resultierte daraus ein sehr hohes Sockelgeschoß auf der Talseite, das zur Unterbringung von Vieh und Vorräten genutzt werden konnte.[35]

Die angeführten Vorteile des vertikalen Wohnstallhauses führten dazu, daß dieser Haustyp gegen Ende des 18. Jahrhunderts auch von Schriftstellern propagiert wurde, die sich zum Ziel genommen hatten, die Produktivität der Landwirtschaft zu steigern und zum Bau von hygienischeren Häusern anzuregen. So setzte sich besonders der schwäbische Pfarrer Mayer aus Kupferzell in seinen Werken zur „Hebung der Landwirtschaft" explizit für das vertikale Wohnstallhaus ein.[36] Auch die landwirtschaftlichen Vereine des 19. Jahrhunderts, zum Beispiel im ehemaligen Fürstentum Hessen-Darmstadt, hoben diese Bauweise als mustergültig hervor.[37]

Vor allem in der südwestlichen Rhön lassen sich noch heute Gebäude dieser Art nachweisen, auch wenn sie infolge großer Umbauten meist stark entstellt sind. Ein noch weitgehend original erhaltenes Beispiel ist das Haus Eichenrieder Straße 1 in Oberkalbach, das laut Inschrift im Jahre 1827 erbaut wurde. Mitsamt der direkt an das Wohnstallhaus angebauten Scheune weist das Gebäude eine Gesamtlänge von 31,30 m auf, wovon jedoch nur 15 m dem Wohnteil zuzurechnen sind. Die Breite des Gebäudes beträgt 8,70 m, der massive Unterbau besitzt eine Höhe von 2,50 m. Darüber befindet sich der Fachwerkwohnteil, der durch eine zweiläufige, hohe Blockstufentreppe mit Podest erschlossen wird. An das Haupthaus angebaut ist ein Backhaus mit ebenfalls massivem Unterbau und Fachwerkobergeschoß. Die Überprüfung der Katasterunterlagen ergab, daß der Hof im 19. Jahrhundert als mittelbäuerliches Anwesen einzustufen war (Abb. 30–32).

Ein Beispiel für die Ausführung dieses Haustyps auf einem kleinbäuerlichen Anwesen bietet das Haus Zur Kalbachquelle 4 in Oberkalbach. Hierbei handelt es sich um ein vergleichsweise gering dimensioniertes vertikales Wohnstallhaus, das zu einem bescheidenen landwirtschaftlichen Betrieb gehörte (Abb. 33).

Abb. 33: Kleinbäuerliches vertikales Wohnstallhaus in Oberkalbach

Abb. 30

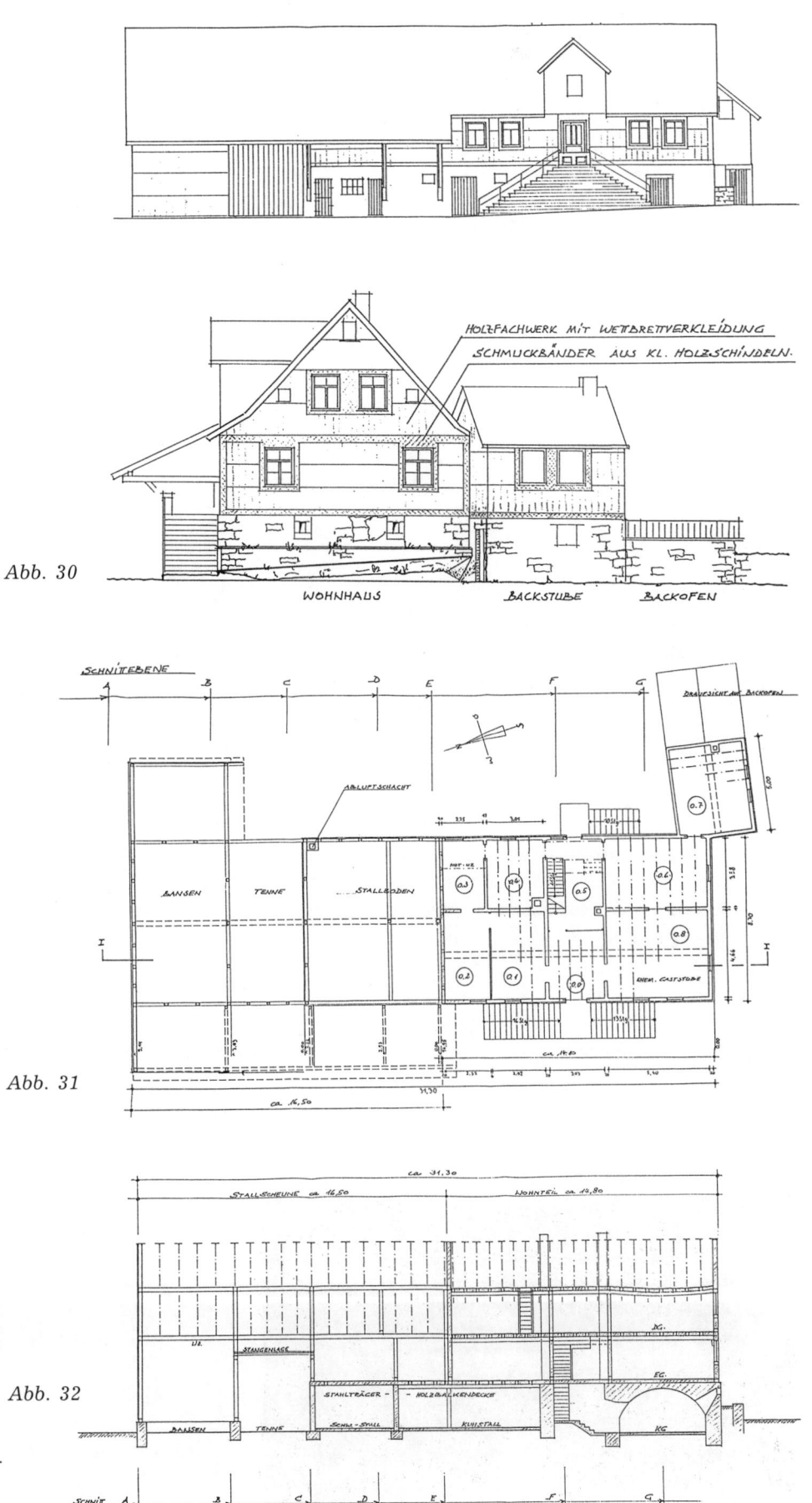

Abb. 31

Abb. 32

Abb. 30–32: Vertikales Wohnstallhaus in Oberkalbach: Aufriß, Grundriß, Schnitt

V.1.5 Thüringisches Wohnstallhaus mit hohem „Stubenkeller"

Vor allem in den thüringischen Orten Dermbach und Oechsen fallen Gebäude auf, die im Ern- und Stallbereich eine Zweistöckigkeit besitzen, deren Stubenzone jedoch aus einem Hochkeller und einem sehr hohen Fachwerkaufbau besteht.

Dieser Haustyp wird in der Regel ebenerdig erschlossen. Durch die traufseitige, mittige Haustür betritt man einen sehr hohen Flur. Auf der Rückseite des Flurs befindet sich eine ebenfalls sehr hohe Küche. Über eine Treppe erreicht man vom Flur aus die über dem Hochkeller gelegene Stube, deren Decke in Höhe der Dachgeschoßbalken angebracht ist. Über eine Galerie im Ern werden weiterhin die Kammern über dem Stall erschlossen (Abb. 34).

Als direkte Ursachen für diese Bauform können vielfach felsiges Gelände oder ein hoher Grundwasserstand gelten. Diese Umstände erlaubten keinen eingetieften Keller, sondern zwangen zum Bau eines Hochkellers. Einige Hausforscher heben weiterhin hervor, daß insbesondere der hohe Ern und die hohe Küche von Vorteil waren, da diese Häuser ursprünglich keinen Rauchabzug besaßen und der Rauch sich unter der hohen Decke sammeln konnte, während der untere Teil der Küche und des Flurs auf diese Weise weitgehend rauchfrei blieben.[38] Andere Forscher setzen diesen Haustyp mit dem oben beschriebenen „vertikalen Wohnstallhaus" gleich.[39]

Durchforstet man die ältere Literatur zur thüringischen-althennebergischen Architektur, so fällt auf, daß diese Bauweise eine gewisse Ähnlichkeit mit einer Hausform besitzt, die vor allem östlich und westlich entlang der Werra beheimatet ist. Dort treten ebenfalls zweigeschossige Ernhäuser auf, die sich im giebelseitigen Bereich durch einen Hochkeller und eine hohe Stube auszeichnen. Dabei wiesen diese Stuben vielfach unterhalb der Decke einen Hohlraum auf. Sowohl Keller als auch Hohlraum dienten -laut dem Hausforscher Eduard Fritze- in früheren Zeiten dazu, Hab und Gut vor eventuell in das Dorf einrückenden Feinden in Sicherheit zu bringen.[40] Möglicherweise drang diese Hausform – nur ohne Hohlstube – in das Gebiet der thüringischen Rhön vor.

V.1.6 Aufgesockeltes Wohnstallhaus

Eine weitere Besonderheit der Rhöner Hauslandschaft stellen die aufgesockelten Wohnstallhäuser[41] in der südlichen Rhön dar. Vor allem im ehemals fuldischen Teil der heute bayerischen Rhön findet man dreizonige Wohnstallhäuser mit einem ebenfalls sehr hohen Keller unter der Stube. Allerdings stehen diese Gebäude häufig winkelrecht zu einem Hang, so daß der Sockel auf der einen Giebelseite (= Stubenseite) mit 150 bis 200 cm relativ hoch ist, während der Sockel des rückwärtigen Giebels meist kaum über das heutige Bodenniveau reicht. Im hohen Sockelbereich befindet sich der Keller, der von außen durch eine Kellertür erschlossen wird (Abb. 35).

Ein relativ frühes, datiertes Beispiel einer solchen Bauweise bietet ein Haus in der Pfarrer-Schacht-Straße in Oberleichtersbach, das laut Inschrift auf dem Sandsteingewände der Kellertür im Jahre

Abb. 34: Thüringisches Wohnstallhaus mit hohem Stubenkeller in Oechsen

Abb. 35: Aufgesockeltes Wohnstallhaus in Schwärzelbach

Abb. 36: Aufgesockeltes Wohnstallhaus in Oberleichtersbach

Abb. 37: Thüringisches Durchgangshaus in Stepfershausen

1608 erbaut wurde (Abb. 36).
Aber auch noch zu Beginn des 20. Jahrhunderts fand diese Bauweise ihre Anwendung. So weist ein aufgesockeltes Wohnstallhaus mit allerdings giebelseitig erschlossenem Keller im bayerischen Poppenroth inschriftlich das Erbauungsjahr 1912 auf.

Die dargestellte Hausform mit hohem Stubenkeller ist sowohl mit verputztem oder unverputztem Fachwerk als auch in Massivbauweise anzutreffen. Zum Teil liegt der Kellerzugang ebenerdig, zum Teil führen einige Stufen zur Kellertür hinab. In den meisten Fällen besitzen diese aufgesockelten Wohnstallhäuser nur ein Geschoß, gelegentlich sind aber auch zweigeschossige Ernhäuser mit dem typischen hohen Sockel ausgestattet.

Im Gegensatz zu den thüringischen Bauformen mit hohem Stubenkeller verdanken die aufgesockelten Wohnstallhäuser in der südlichen Rhön ihre Entstehung vermutlich den Einflüssen südwestlicher Bautraditionen. Spessart und auch der Odenwald weisen ähnliche Kellersituationen auf, so daß von dort aus Einwirkungen auf die Rhöner Bauweise möglich erscheinen.

V.1.7 Thüringisches Durchgangshaus

Bei der Betrachtung der Rhöner Hausformen darf schließlich das Durchgangshaus, welches vor allem im östlichen Rhönvorland verbreitet ist, nicht unerwähnt bleiben. Dieser Haustyp stellt ebenfalls eine Abwandlung der dreizonigen Grundform des mitteldeutschen Ernhauses dar. Bei dem stets traufständigen Durchgangshaus rücken die Wohnfunktionen ganz auf eine Hausseite. Die Stube befindet sich dabei auf der Straßenseite, während Küche und Flur hinter der Stube (zur Rücktraufe hin) angeordnet werden. Auf der anderen Seite des Hauses verläuft ein dielenartiger Durchgang, der auch als Arbeitsraum oder verbreitert als Hofeinfahrt genutzt werden kann. Von hier aus führt ein kleiner Flur zu Stube und Küche, die dann in gleicher Reihenfolge wie beim normalen Ernhaus liegen. Der Stall wird in einem Nebengebäude untergebracht[42] (Abb. 37).

VERBREITUNGSKARTE DER RHÖNER HAUSFORMEN

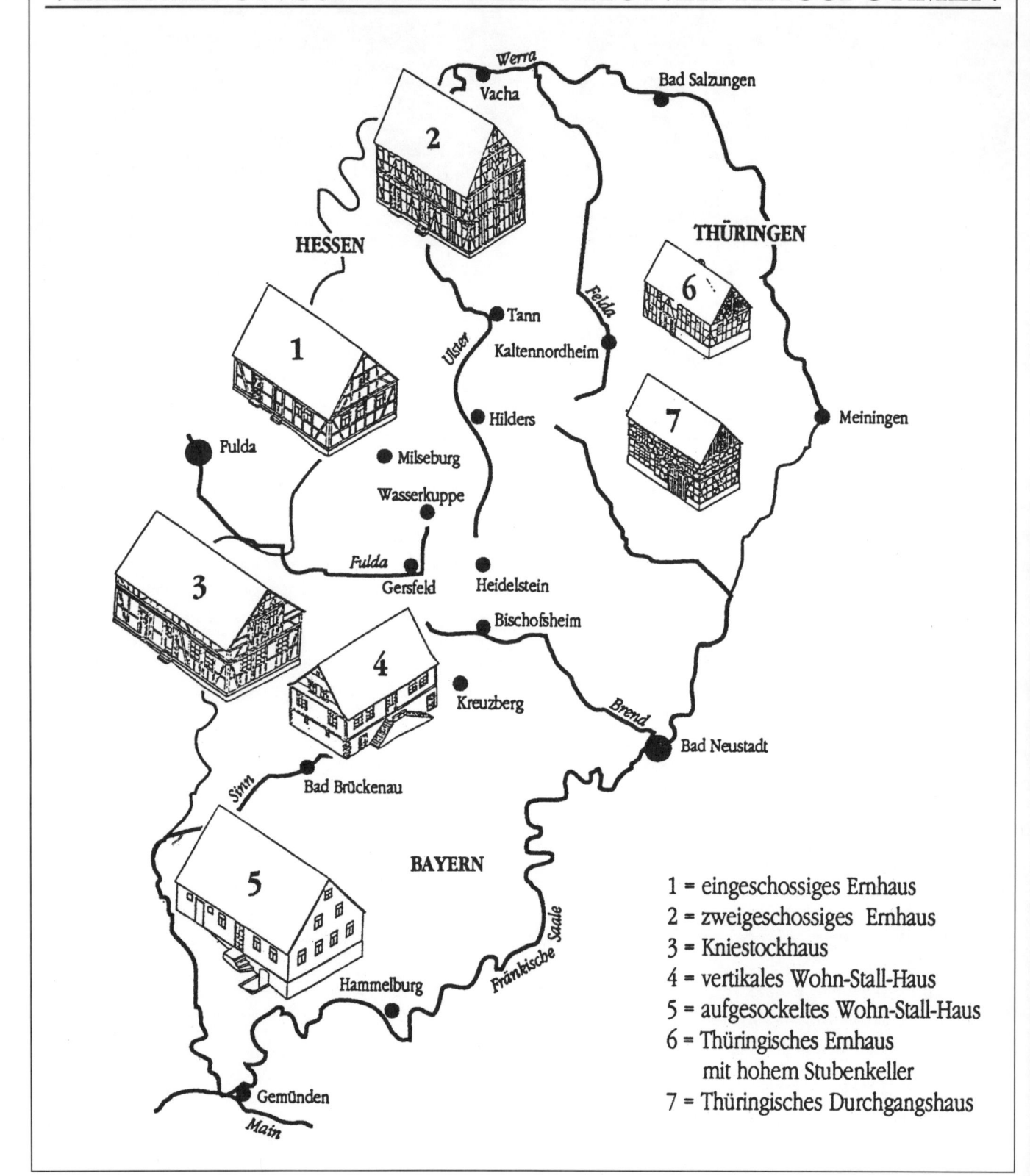

1 = eingeschossiges Ernhaus
2 = zweigeschossiges Ernhaus
3 = Kniestockhaus
4 = vertikales Wohn-Stall-Haus
5 = aufgesockeltes Wohn-Stall-Haus
6 = Thüringisches Ernhaus mit hohem Stubenkeller
7 = Thüringisches Durchgangshaus

Abb. 38: Karte der Rhöner Hausformen

V.2 Landwirtschaftliche Nebengebäude

Wie bei der Darstellung der Gehöfttypen beschrieben, gehören zu einem bäuerlichen Anwesen nicht nur die Wohn- oder Wohnstallbauten, sondern auch weitere landwirtschaftliche Nebengebäude. Eine große Bedeutung unter diesen Wirtschaftsgebäuden besitzt sicherlich die Scheune, aber auch separate Ställe für Rindvieh, Pferde und vor allem für Schweine sind weit verbreitet. Gelegentlich zählen noch Keller- und Backhäuser zu den Hofbestandteilen.

V.2.1 Scheunen

Scheunen sind in der Regel dreizonig ausgebildet: In der Mitte des Gebäudes befindet sich ein hoher Tennenraum, der durch ein großes Scheunentor erschlossen wird und hauptsächlich als Dresch- und Arbeitsraum, im Winter auch zum Unterstellen der landwirtschaftlichen Arbeitsgeräte dient. Beiderseits der Tenne sind die Bansen oder zusätzliche Stallräume untergebracht (Abb. 39).

Dieses Grundschema der Scheune kann jedoch von Region zu Region variieren. In Gebieten mit ertragreichem Ackerbau etwa sind mehrzonige Scheunen zur Unterbringung der Ernte erforderlich. Vor allem in der nördlichen Kuppenrhön und in der östlichen Vorderrhön trifft man häufig auf vier- oder gar fünfzonige Scheunen, die weitere Tennen- und/oder Bansenräume aufweisen. In der thüringischen Rhön wurden die Scheunen zu Beginn des 20. Jahrhunderts vielfach durch Kniestockaufbauten oder das Aufsetzen eines weiteren Stockwerks erhöht, um hier zusätzlichen Lagerraum zu schaffen.

Eine spezifische Ausprägung erfuhren die Scheunen des östlichen Rhönvorlandes. Diese Scheunen besitzen sogenannte Hochlauben, die vor allem als Trockengang für Wäsche und Feldfrüchte dienten (Abb. 40). Damit knüpfen sie an die weiter östlich vorkommende Bautradition der Laubengänge an.[43]

Schließlich finden sich auch Scheunen jüngeren Datums, die mit Hocheinfahrten versehen sind. Eine um 1900 erbaute Scheune im thüringischen Klings weist zum Beispiel auf ihrer Rückseite gleich zwei solcher Einfahrten auf. Hinter der an einen Hang gebauten Scheune verläuft ein Feldweg, der direkt zu den Hocheinfahrten führt. Von hier aus konnte das Erntegut in die oberen Bansenräume der mehrzonigen großen Scheune eingefahren werden. Diese Scheunenausbildung ist durch die spezifische Bauplatzsituation im Gebirge bestimmt und mit den Häusern des Schwarzwaldes zu vergleichen, die ebenfalls Hocheinfahrten zu den Bansenräumen unter ihren ausgedehnten Dächern aufweisen.

Abb. 39: Ehemaliger Dreiseithof mit dreizoniger Scheune in Sünna

Abb. 40: Scheune mit Hochlaube in Stetten

V.2.2 Ställe für Tiere

Separat stehende Rinder- und Pferdeställe gab es bis in das 19. Jahrhundert hinein nur selten. Sie entstanden meist erst im Zuge der oben erwähnten Einführung der Stallfütterung, während vorher nur die wertvollsten Tiere im Wohnstallhaus überwintert hatten.

Abb. 41: Dreizoniges Wohnhaus mit angebautem Rinderstall

Häufig baute man den neuen Stall in gleicher Firstrichtung an das Haupthaus an (Abb. 41). War hier nicht genügend Platz, so konnte der Stall auch auf der gegenüberliegenden Hofseite errichtet werden. Diese neuen Ställe wurden dann ab Mitte des 19. Jahrhunderts überwiegend in Backsteinbauweise massiv aufgeführt, da das Fachwerk gegenüber den Ausdünstungen des Viehs als nicht genügend widerstandsfähig erschien.

Im Gegensatz zu den Ställen für das Großvieh gab es für Schweine schon immer separat stehende Ställe, da man diese Tiere aufgrund ihres Geruches abseits vom Wohnhaus halten wollte. In der Rhön spielte die Schweinezucht zuweilen eine gewichtige Rolle, so daß zu diesem Zwecke auch entsprechend große und aufwendige Ställe errichtet wurden.

Ein Spezifikum der Schweineställe in der Rhön ist das Vorhandensein massiver Bauteile in den Wandaufbauten. Möglicherweise veranlaßten dies zum Teil landesherrliche Verfügungen. So erließ Fürstabt Heinrich von Bibra am 23. Oktober 1787 die Verordnung: „Um Holz zu sparen wollen wir, daß Schweineställe, wo Steine vorhanden sind, nicht mit Holz, sondern mit Steinen errichtet werden. Der Boden soll nicht gebohlt, sondern zur Förderung des Abflusses abhängig gepflastert werden..."[44]

Ein besonders aufwendig erbauter Schweinestall befindet sich in Oberkalbach. Dieser eingeschossige Stall ist ca. 12,70 m lang und 3,80 m breit. Er besitzt fünf Tierboxen, eine Abortanlage und einen Abstellraum. Vor den Tierboxen verläuft ein

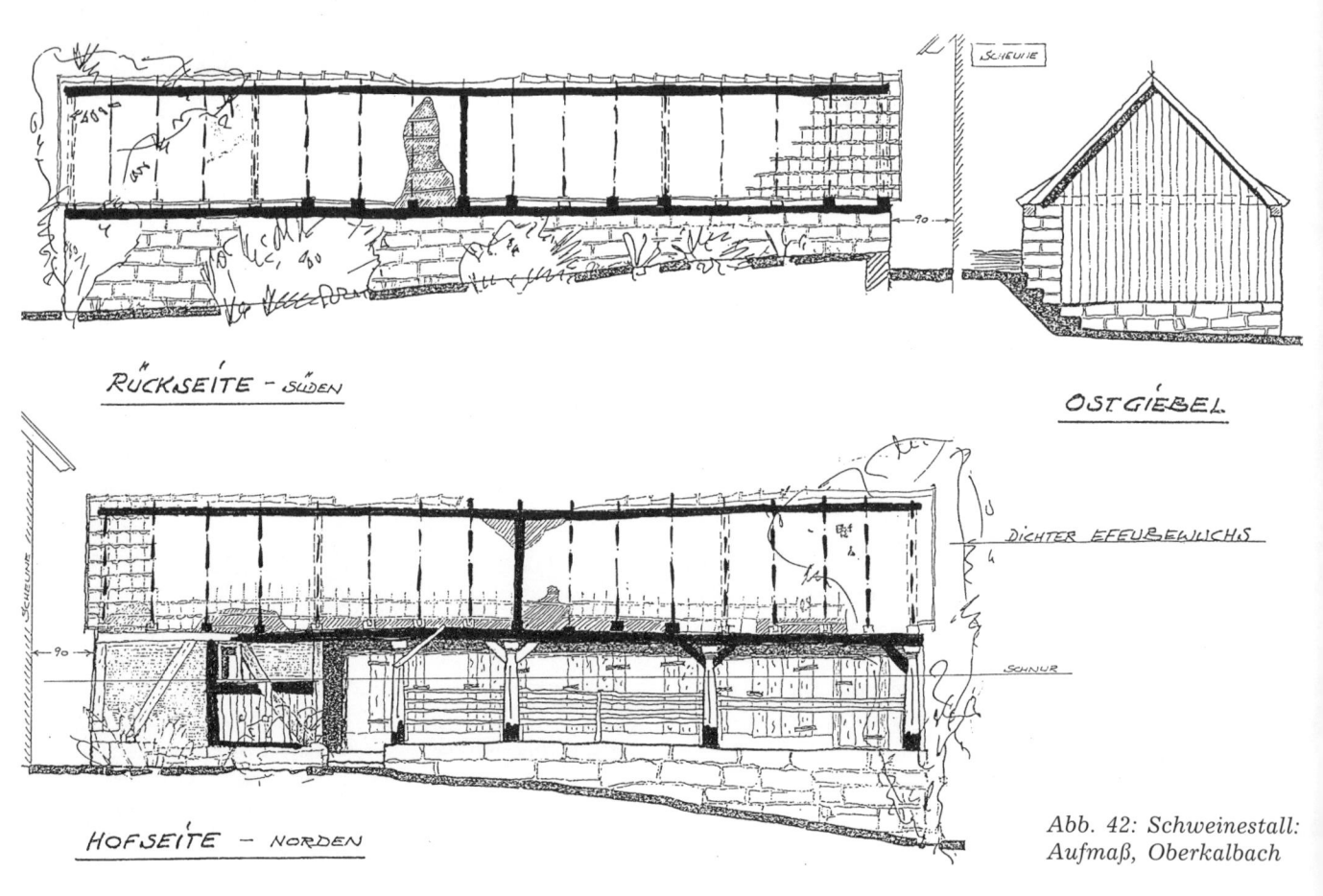

Abb. 42: Schweinestall: Aufmaß, Oberkalbach

Abb. 43: Schweinestall in Oechsen

Abb. 44: Schweinestall in Hassenbach

zurückgesetzter Laubengang, über den sich ein Dach spannt, das von vier gedrechselten Säulen getragen wird. Diese entstammen vermutlich der ehemaligen Dorfkirche, die ca. 1850 durch einen Neubau ersetzt wurde.[45] Der Sockel bzw. das Fundamentmauerwerk des Schweinestalles ist aus Sandstein gemauert. Der Fußboden besteht aus Sandsteinplatten und ist im Boxenbereich als Spaltboden ausgeführt, worunter sich eine Ausschwemmwanne befindet. Die Wände sind zum Teil massiv und zum Teil in Fachwerk aufgeführt (Abb. 42).

Auch in der bayerischen und thüringischen Rhön existieren heute noch relativ viele Schweineställe. Häufig handelt es sich dabei um schmale Rechteckbauten, die ein massives Untergeschoß für die Schweinekoben und ein Fachwerkobergeschoß für Lagerzwecke aufweisen (Abb. 43).

In der bayerischen Rhön sind zudem Schweineställe anzutreffen, deren Wände aus Sandsteinpfosten bestehen. Diese Sandsteinpfosten weisen eine Nut auf, in welche Sandsteinplatten eingefügt wurden (Abb. 44). Die auf diese Weise errichteten Schweineställe können als länglicher Rechteckbau mit Fachwerkobergeschoß separat stehen oder in Kombination mit Schuppen oder Remisen auftreten.

V.2.3 Backöfen und Kellerhäuschen

Einen festen Bestandteil vieler früherer Hofanlagen bildete der Backofen. Bis ins 19. und 20. Jahrhundert hinein wurde auf jedem Hofe das Brot noch selbst gebacken. Teilweise baute man die Backöfen direkt an die Haupthäuser an, so daß sie von der Küche aus beschickt werden konnten.[46] Vor allem in der thüringischen Rhön fand teilweise auch eine vollständige Integration der Backöfen in das Wohnhaus statt (Abb. 45).

Zahlreich existieren in der gesamten Rhön aber auch freistehende Backöfen und Backhäuser. Diese können in unterschiedlichen Formen auftreten: Insbesondere in den Orten der bayerischen Rhön prägen noch zahlreiche freistehende Backöfen, die lediglich aus einem Kuppelofen sowie einem vor der Witterung schützenden kleinen Vordach bestehen, das Dorfbild (Abb. 46). Weiterhin gibt es Kuppelbacköfen mit vorgebauter Backstube – wie zum Beispiel das im Jahre 1828 erbaute Privatbackhaus des vertikalen Wohnstallhauses Eichenrieder Straße 1 in Oberkalbach (vgl. Abb. 30). An-

Abb. 45: Gebäude mit angebautem Backofen in Oechsen

Abb. 46: Ehemaliger Privatbackofen in Stralsbach

Abb. 47: Kellerhäuschen in Klings, um 1900. Fachwerkgeschoß nachträglich aufgesetzt

dere Gehöfte weisen Fachwerk- oder Massivbackhäuschen mit vollständig integriertem Backofen auf.

Schließlich lassen sich in Regionen mit hohem Grundwasserstand oder zu festem Untergrund auch sogenannte Kellerhäuschen als ländliche Nebengebäude ausfindig machen. Diese häufig gegen einen Hang gebauten, rechteckigen kleinen Gebäude besitzen zumindest ein als Kellerraum genutztes Massivgeschoß. Entweder gleichzeitig mit dessen Erbauung oder nachträglich konnten dazu noch Fachwerkgeschosse aufgesetzt werden. Zwei um 1900 errichtete Kellerhäuschen sind noch im thüringischen Ort Klings vorhanden[47] (Abb. 47).

Insgesamt zeichnet sich also die Rhöner Hauslandschaft dadurch aus, daß sie eine Vielzahl unterschiedlicher Bauformen in sich vereinigt. Diese Vielfalt ist einerseits auf die jeweils vorhandenen naturräumlichen Bedingungen, andererseits auf die kulturellen Einflüsse aus den Nachbarregionen zurückzuführen.

VI. BAUART UND KONSTRUKTION DER GEBÄUDE

Die Art des traditionellen Wandaufbaus war weitestgehend abhängig von den in der Region vorhandenen natürlichen Baustoffen. Gleichzeitig beeinflußten regionale Bautraditionen, wirtschaftliche Verhältnisse der Bauherren oder auch staatliche Eingriffe die Bauart der Gebäude. Das Erscheinungsbild der Häuser wurde im wesentlichen geprägt durch die jeweils verwendeten Baumaterialien sowie durch die Konstruktionsweise des Wandaufbaus und des Dachwerks.

VI.1 Baumaterialien

Die Wahl der Baustoffe war seit jeher landschaftsgebunden. Stets verwandte man das nächsterreichbare geeignete Material, um die Baukosten so gering wie möglich zu halten. Grundsätzliche Bedeutung erlangte dabei das Vorkommen von unterschiedlichen Naturstein- und Holzarten sowie von Lehm, Sand oder Kalk. Hinweise auf die jeweilige spezielle Bodenbeschaffenheit in Gemeindenähe bieten ältere Flurnamen, wie etwa ‚Liecheller' (mhd. lihe = Lehm) in der Gemarkung Dipperz.[48]

Archivalische Quellen geben weiterhin Aufschluß darüber, daß in früheren Zeiten fast jede Gemeinde einen eigenen Steinbruch besaß. Aus diesen wurden vor allem die für den Bau der Sockelgeschosse notwendigen Steine bezogen. Je nach Lage des Dorfes und den geologischen Gegebenheiten des Siedlungsplatzes überwogen in den einzelnen Gemarkungen unterschiedliche Natursteinarten. Durch die Verwendung des jeweils vor Ort zugänglichen Materials (Buntsandstein, Basalt oder Kalkstein) fügten sich die daraus errichteten Gebäude organisch in ihre unmittelbare Umgebung ein.

Den zweiten elementaren Baustoff bildete das Holz, das in der Regel aus vorhandenen Gemeindewaldungen oder aus herrschaftlichen Forsten gewonnen wurde. Zum Bauen verwandte man bis ins 18. Jahrhundert insbesondere Eichenholz. Zunächst gab es jedoch in der Rhön vermutlich nur in tieferen Lagen, auf sauren Buntsandsteinböden und einigen wenigen Lößinseln ein natürliches Auftreten von Eichen, die als Baumaterial zur Anwendung gebracht werden konnten.[49] In der zentralen Rhön bestand der Wald gegen Ende des 16. Jahrhunderts nur zu 10% aus Eichenholz. Dies erklärt sich in erster Linie aus dem schneereichen Winter in der Hohen Rhön, wo die Eiche unter starkem Schneedruck litt.[50] Obwohl die ortsansässigen Herrschaften zusätzliche Eichenanpflanzungen zu fördern versuchten, nahm der Waldbestand im 17. und 18. Jahrhundert immer mehr ab. Umfangreiche und von Gemeinden unkoordiniert durchgeführte Rodungen hatten zur Folge, daß vielerorts gegen Ende des 18. Jahrhunderts ein empfindlicher Holzmangel eintrat.[51] Die Obrigkeiten versuchten daher, durch planmäßige Aufforstungen mit Nadelhölzern diesem Mißstand entgegenzuwirken. Diese Bemühungen führten jedoch vor allem im ehemaligen Bistum Fulda nur langsam zum Erfolg, da sich die Bevölkerung gegen eine Umwandlung der mittlerweile als Wiesen genutzten Rodungsflächen wehrte.[52]

Der in vielen Regionen der Rhön mangelhafte Eichenwaldbestand schlug sich auch in der Fachwerkbauweise nieder, indem die Gebäude im Vergleich zu anderen mitteldeutschen Regionen zumeist relativ holzsparend errichtet wurden.

Weitere zum Bauen notwendige Materialien waren Lehm, Kalk und Sand. Vor allem Lehm stellte in früheren Zeiten einen unentbehrlichen Baustoff dar. Man benötigte ihn zum Ausfüllen und Verschmieren der Gefache sowie als Boden- und Deckenbelag. Je nach seiner chemischen Zusammensetzung konnte die Farbe des Lehms, der aus zahlreichen Gruben gewonnen wurde, variieren. Meist handelte es sich um einen gelblichen bis ockerfarbenen Lehm. Am Ostabfall der Rhön – vor allem um Stetten – ist aber auch ein auffallend rötlicher Lehm vorhanden, der das Aussehen der dortigen Gebäude prägte.

Auch Kalk besaß für das Bauwesen eine zentrale Bedeutung, da er jahrhundertelang das einzige Bindemittel darstellte. Dieses Material wurde aus Gelegenheitssteinbrüchen des unteren und oberen Muschelkalkes gebrochen. Das Kalkbrennen in seiner traditionellen Weise geschah entweder im

Meilerverfahren (ähnlich der Holzkohlegewinnung) oder in eigens dafür errichteten Kalköfen.

Vornehmlich aus dem mürben Sandstein einer mittleren Buntsandsteinfolge gewann man schließlich den zum Bauen erforderlichen Sand.

Gelegentlich kam auch der Tuffstein für Bauzwecke zur Anwendung. Tuff ist ein sinterartiges Gestein, das aus Quellkalkbänken gewonnen wird. Erst nach längerer Lufttrocknung erhärtet es sich und eignet sich dann zum Verbauen. Aufgrund eines großen Porenvolumens ist es relativ leicht und gut wärmedämmend. Tuffstein konnte sowohl zur Ausmauerung der Fachwerkgefache als auch zum Bau von Massivgebäuden verwendet werden.

Die Herstellung von Ziegeln zur Dachdeckung erfolgte in Ziegelbrennereien, die sich an Orten mit hohem Tonvorkommen ansiedelten. Sie befanden sich häufig in Privatbesitz und wurden oft als Nebenerwerb betrieben. Erst im 19. Jahrhundert setzten sich industriell hergestellte Ziegelwaren durch.

Die geologischen Gegebenheiten eines Gebietes bestimmten also weitgehend das jeweils zur Verfügung stehende Baumaterial. Durch die Verwendung dieser Baustoffe erhielten die alten Bauernhäuser einen unmittelbaren Bezug zu dem sie umgebenden Naturraum.

VI.2 Konstruktive Bestandteile und Bauarten

Wesentliche Bestandteile des traditionellen Rhöner Hauses sind vielfach prägnant ausgebildete Sockelgeschosse, regional unterschiedliche Fachwerkkonstruktionen sowie relativ steile Sparrendächer:

VI.2.1 Sockel

Wie bei der Beschreibung der Haustypen bereits angedeutet, spielte das Sockelgeschoß in der Rhön eine wesentliche Rolle. Im Gegensatz zu süddeutschen Regionen, wo die Häuser ohne nennenswerten Sockel in die Berghänge „hineingebaut" wurden, versuchte man in der Rhön durch den Bau von teilweise sehr hohen, massiven Sockeln Geländeunregelmäßigkeiten am Bauplatz auszugleichen. Das so entstandene Sockelgeschoß konnte sowohl als Keller als auch zur Unterbringung von Vieh genutzt werden.

Die zum Sockelbau verwendeten Steine waren im wesentlichen abhängig von den geologischen Verhältnissen des Siedlungsplatzes. Da das Rhöner Gebirge zum überwiegenden Teil aus Buntsandstein besteht, wurden die Sockelgeschosse dementsprechend vornehmlich aus diesem Material errichtet. Vor allem der Buntsandstein der Solling-Folge läßt sich leicht verarbeiten und ist insofern als Baustein sehr geeignet.[53]

Basaltsockel sind in der Rhön dagegen, im Vergleich etwa zum Vogelsberg, selten anzutreffen. Lediglich die Häuser des in der Hohen Rhön gelegenen Frankenheim weisen fast durchgängig Basaltsockel auf. Dies ist darauf zurückzuführen, daß die Hohe Rhön eine Basaltabdeckung besitzt und demzufolge dieses Material in der Umgebung des Ortes in großem Ausmaß zur Verfügung stand.

Gelegentlich fand in der Rhön auch der Kalkstein zum Sockelbau Verwendung, wie zum Beispiel in den thüringischen Orten Motzlar und Gerthausen. In Ortsnähe von Gerthausen befindet sich die „Gertshäuser Mulde"[54], an deren Aufbau vor allem Keuper und Muschelkalk beteiligt sind. Insofern konnten hier Kalksteine leicht abgebaut werden.

Einen Ausdruck der weit verbreiteten ärmlichen Bauweise bildet die häufige Verwendung von lediglich gebrochenen oder unregelmäßig bearbeiteten Steinen. Wohnhäuser von sozial besser gestellten Bauern oder in wohlhabenderen Regionen der Rhön weisen dagegen Sockel aus regelmäßig bearbeiteten und gleichmäßig verfugten Werksteinen auf.

VI.2.2 Fachwerkbau

In der gesamten Rhön verkörperte der Fachwerkbau die dominierende Bauweise.[55] Das Fachwerk ist ein Decken und Dach tragendes festes Wandgerüst, dessen wichtigste Elemente vierkantige, mit der Axt behauene oder gesägte vertikale und horizontale Hölzer bilden (Abb. 48). Als unterstes horizontales Holz liegt dabei die Schwelle auf dem Steinsockel auf. In ihr eingezapft trägt sie die vertikalen Hölzer, die sogenannten Ständer. Gelegentlich stehen die Ständer auch direkt auf dem Sockel und die Schwellhölzer sind in diese

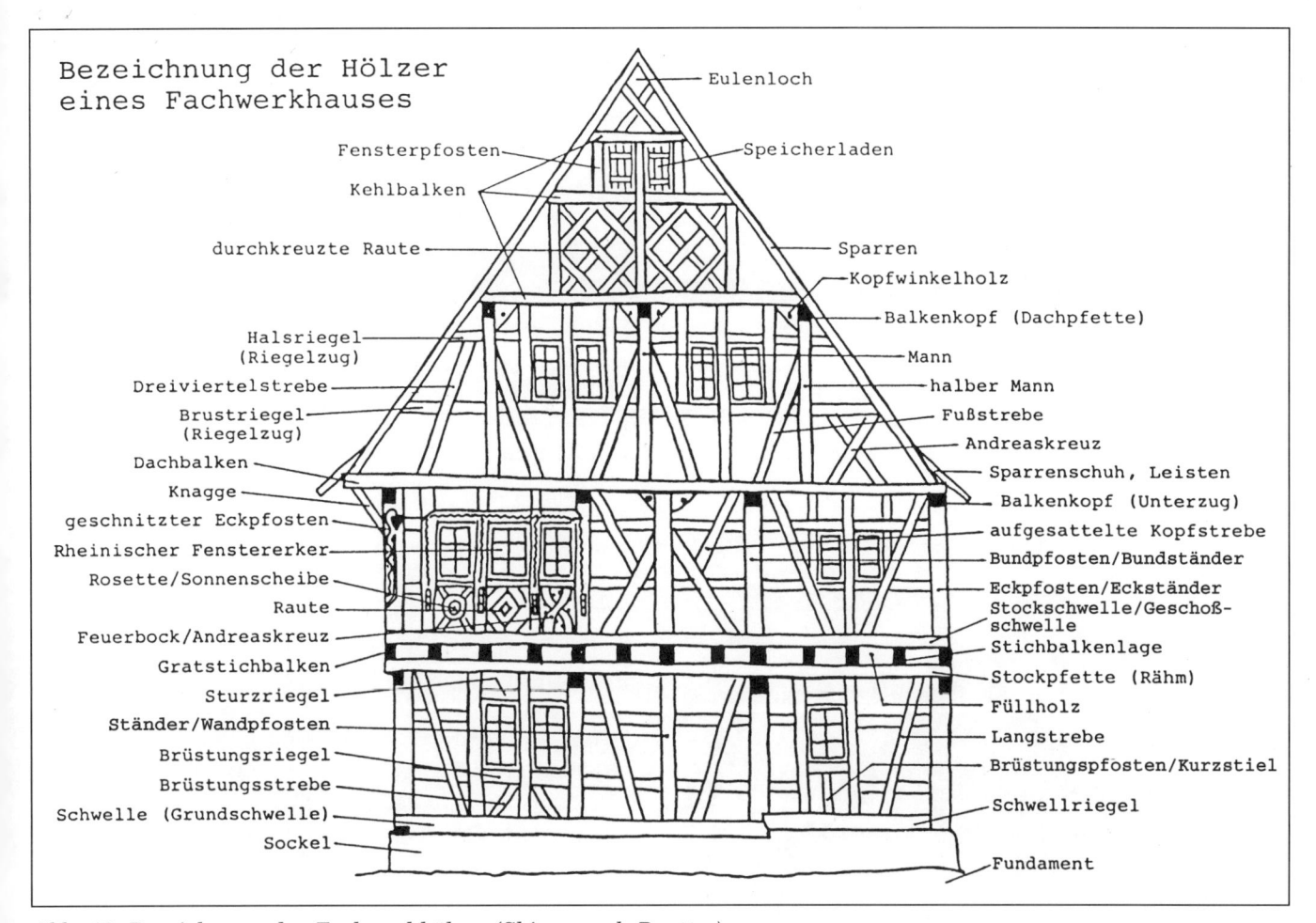

Abb. 48: Bezeichnung der Fachwerkhölzer (Skizze nach Reutter)

eingezapft. In diesem Falle spricht man von einer Schwellriegelkonstruktion.
Das Gegenstück der Schwelle ist das Rähm, in dessen Zapflöchern die Ständer ihren oberen Halt haben. Zwischen Schwelle und Rähm befinden sich in bestimmten Abständen weitere horizontale Hölzer, die Riegel. Zur Verbesserung der Standfestigkeit besitzt das Fachwerk fernerhin Schräghölzer, die als sogenannte Streben einem seitlichen Schub entgegenwirken. In der Regel sind die Hölzer des Fachwerks seit dem 16. Jahrhundert verzapft. Gelegentlich finden sich an Gebäuden des 17. Jahrhunderts aber auch noch Verblattungen, die eine ältere Form der Holzverbindung darstellen.

Wie im vorhergehenden Kapitel über die Hausformen erwähnt, sind in der Rhön viele eingeschossige Ernhäuser anzutreffen. Diese weisen meist ein relativ einfaches Fachwerkgefüge in der beschriebenen Art auf. Zweigeschossige Ernhäuser wurden meist in Stockwerkbauweise aufgeführt. Dabei bilden die Dachbalken des Erdgeschosses die Unterlage für ein zweites, darüberliegendes Stockwerk, das mit einer neuerlichen Schwelle, der sogenannten Geschoßschwelle, beginnt. Die einzelnen Stockwerke sind also für sich eigenständig abgezimmert. Ständerbauten, deren konstruktive senkrechte Hölzer zwei Geschosse durchlaufen, sind in der Rhön dagegen nur selten anzutreffen. Lediglich Scheunen weisen gelegentlich eine Ständerbauweise auf. Häufig wurden aber auch diese Wirtschaftsbauten wie die Wohnbauten in Stockwerkbauweise aufgeführt.

Die Ausbildung des Fachwerkgefüges kann in den einzelnen Regionen der Rhön und je nach sozialem Status des Bauherren etwas variieren. In höheren Lagen der Rhön und bei unteren sozialen Schichten dominierten Fachwerkkonstruktionen mit schlichten Verstrebungsarten: Bis ins 19. Jahrhundert dienten dabei lediglich konvergierende Langstreben der Aussteifung der Wände (Abb. 49). Dies sind von der Schwelle bis zum Rähm rei-

Abb. 49: Fachwerkhaus mit konvergierenden Langstreben in Seiferts. (historisches Foto)

Abb. 51: Fachwerkhaus mit "Mannfiguren", die aufgesattelte Kopfstreben aufweisen (dat. 1774)

Abb. 50: Fachwerk mit "Mannfiguren"

chende, einfache Streben, die sich im oberen Bereich dem Eckständer oder dem Bundständer zuneigen. Aufwendigere Fachwerkbauten weisen zur Wandaussteifung häufig die mitteldeutsche Mannfigur auf, die aus zwei Fußstreben und zwei Kopfstreben bzw. Kopfwinkelhölzern besteht (Abb. 50). Sehr häufig treten auch Mannfiguren mit sogenannten Halsriegeln (waagerechte Hölzer im Winkel zwischen Fußstrebe und Kopfwinkelholz) oder Fußstreben mit aufgesattelten Kopfstreben auf (Abb. 51).

In der östlichen Rhön, vor allem im ehemals hennebergischen Herrschaftsgebiet, weicht die Ausbildung des Fachwerkgefüges etwas von der geschilderten Bauweise ab. Hier dominieren weite Ständerstellungen und große, "liegende" Gefache. Im Gegensatz zum übrigen Fachwerk in der Rhön entsprechen die Fensteröffnungen nicht exakt den Ausmaßen der zwischen zwei Stielen befindlichen Gefache. Vielmehr sind hier die Fenster häufig seitlich eines Stiels paarweise angeordnet. Die Fensteröffnungen besitzen eigene, kurze Fensterstreichstiele (Abb. 52).

Vergleicht man diese Fachwerkkonstruktion mit denen in anderen Regionen[56], so fällt auf, daß dort ebenfalls entsprechende Bauweisen vorkommen. In Hessen oder Franken allerdings war das Bauen mit relativ weiten Ständerstellungen meist nur bis ins 15. oder 16. Jahrhundert üblich. Dann gingen die Zimmerleute dazu über, die Abstände der Ständer zu verringern und damit das Fachwerkgefüge engmaschiger zu machen. Diese Entwicklung vollzog sich in der östlichen Rhön aus bisher nicht geklärten Gründen anscheinend langsamer. Hier setzte sich erst im 18. Jahrhundert die Fachwerkbauweise mit enger Ständerstellung durch. Zum Teil wurden nur die Erdgeschosse der Häuser auf diese Weise erneuert. Zum Teil errichtete man aber auch im 18. Jahrhundert Mischbauten mit einer Kombination aus enger und weiter Ständerstellung, die sich noch heute vielfach nachweisen lassen. Insofern könnte in der östlichen Rhön ein außergewöhnlich langes Festhalten an älteren Bautraditionen gesehen werden.

Abb. 52: Fachwerk mit „liegenden Gefachen" in Brendlorenzen

Abb. 53: Fachwerk mit divergierenden Langstreben im Erdgeschoß. 19. Jahrhundert

Im 19. Jahrhundert zeichnete sich dann – wie auch andernorts – eine weitgehende Vereinheitlichung der Fachwerkbauweise ab. Im gesamten Gebiet setzten sich einfache Fachwerkkonstruktionen mit meist divergierenden Langstreben, d.h. von den Ständern sich wegneigenden Streben, durch. Diese schlichte Fachwerkbauweise wurde von den Obrigkeiten bevorzugt gefördert, da hierdurch Bauholz eingespart und somit die Waldbestände geschont werden konnten (Abb. 53).

VI.2.3 Massivbau

Im Gegensatz zum Fachwerkbau spielte der Massivbau bis Ende des 19. Jahrhunderts in der Rhön kaum eine Rolle. Die Mehrzahl der ländlichen Bevölkerung war zu arm, um kostspielige Massivbauten errichten zu können. Lediglich herrschaftliche Gebäude wurden massiv mit Werksteinen aufgeführt. Bedeutung gewann daneben noch die Wiederverwendung alter, bei einem Abriß anfallender Bausteine, wie bei der Errichtung des Pfarrhauses in Dipperz. Die Steine dieses 1842 bis 1843 erbauten Hauses stammen von der ehemaligen, früher im gegenüberliegenden „Schloßgarten" befindlichen Wasserburg.[57]

Grundsätzlich kann gesagt werden, daß der als Baustein gut geeignete mittlere Buntsandstein nicht an allen Orten in ausreichender Menge abzubauen war. Aus archivalischen Quellen geht hervor, daß staatliche Stellen sich im 19. Jahrhundert bemühten, den Massivbau mit Sandstein zumindest bei staatlichen Schulen in Anwendung zu bringen. Jedoch hätten zum Beispiel beim Schulhausbau in Langenbieber die dazu nötigen Steine außerhalb der Region besorgt werden müssen. Um Verkehrswege und Kosten einzusparen, sollten dann doch bevorzugt die in der Region vorhandenen Tuffsteine verwendet werden.[58]

Erst mit der Einführung von größeren Backsteinbrennereien hielt der Massivbau verstärkt Einzug in das Bauwesen der Rhön. Vielfach wurden bereits zu Beginn des 20. Jahrhunderts die Haupthäuser von Gehöften in Backsteinbauweise neu errichtet (Abb 54.). In Dörfern, die im Einzugsgebiet einer Stadt mit wachsender Industrie lagen, erbaute man auch Arbeiterwohnungen in dieser Art. Dies zeigt sich vor allem in dem am Rande der Rhön und in unmittelbarer Nachbarschaft von Fulda gelegenen Dorf Dipperz.

Abb. 54: Backsteingebäude in Kleinsassen

VI.2.4 Dachwerk

Den konstruktiven Abschluß eines Hauses bilden Dachwerk und Dachhaut. In der Regel ist das Dachwerk in der Rhön als Sparren-/Kehlbalkendach oder gegen Ende des 19. Jahrhunderts als Pfettendach ausgebildet.[59]

Beim Sparrendach bilden die Sparren, das sind geneigte, im Winkel gegeneinander angeordnete Hölzer einer Dachkonstruktion, und ein dazugehöriger horizontaler Dachbalken ein unverschiebbares Dreieck (Abb. 55). Mehrere, im Abstand hintereinandergestellte Sparren-Dachbalkendreiecke tragen dann die Dachhaut. Die Ausdehnung des freien Dachraums findet bei dieser einfachen Sparrendachkonstruktion dort seine Grenze, wo in statischer Hinsicht die Last der Dachdeckung zu groß wird. Deshalb zog man in der Entwicklungsgeschichte des Dachwerks einen zusätzlichen, waagerechten Balken, den Kehlbalken, ein, um hier eine weitere Aussteifung zu gewährleisten. Damit wurde das Sparrendach zum Kehlbalkendach, in welcher Form es heute fast ausschließlich zu finden ist. Die meisten Kehlbalkendächer in der Rhön sind mit einem zweifach stehenden Dachstuhl ausgestattet, bei dem zusätzliche Stützen unter die Kehlbalken eingefügt sind.

Reichere Bauernhäuser weisen einen konstruktiv hochwertigen und holzintensiven liegenden Dachstuhl auf. Bei diesem sind die stützenden Stuhlsäulen schräg, mit ihrem Fußpunkt zu den Außenwänden hin angeordnet. Liegende Dachstühle lassen sich in der Rhön schon relativ früh nachweisen. Vorhandene Gebäude des 17. Jahrhunderts zeigen, daß diese Dachkonstruktion zu dieser Zeit bereits Verbreitung fand.

Seit dem späten 19. Jahrhundert ging man dazu über, die traditionellen Dachstühle in der Rhön durch „süddeutsche" Pfettendächer zu ersetzen. Eine Pfette ist ein parallel zum First verlaufendes Holz, das auf Querwänden oder Säulen ruht und die Dachstangen (Rofen) oder aber auch Sparren trägt. Die Firstpfette wird dabei durch eine Firstsäule unterstützt. Der Vorteil des Pfettendaches besteht darin, daß das Dachwerk eine zusätzliche Längsaussteifung erfährt. Weiterhin war ein Pfettendach im Vergleich zum Sparren- bzw. Kehlbalkendach holzsparender zu errichten. Schließlich konnten mit Hilfe eines Pfettendaches größere Dachüberstände an Ort- und Traufgang erreicht werden, da die Sparren über die Deckenbalken hinauszuführen waren. Aufgrund dieser Vorteile wurden Elemente des Pfettendaches als konstruktive Weiterentwicklung seither verstärkt in Anwendung gebracht.

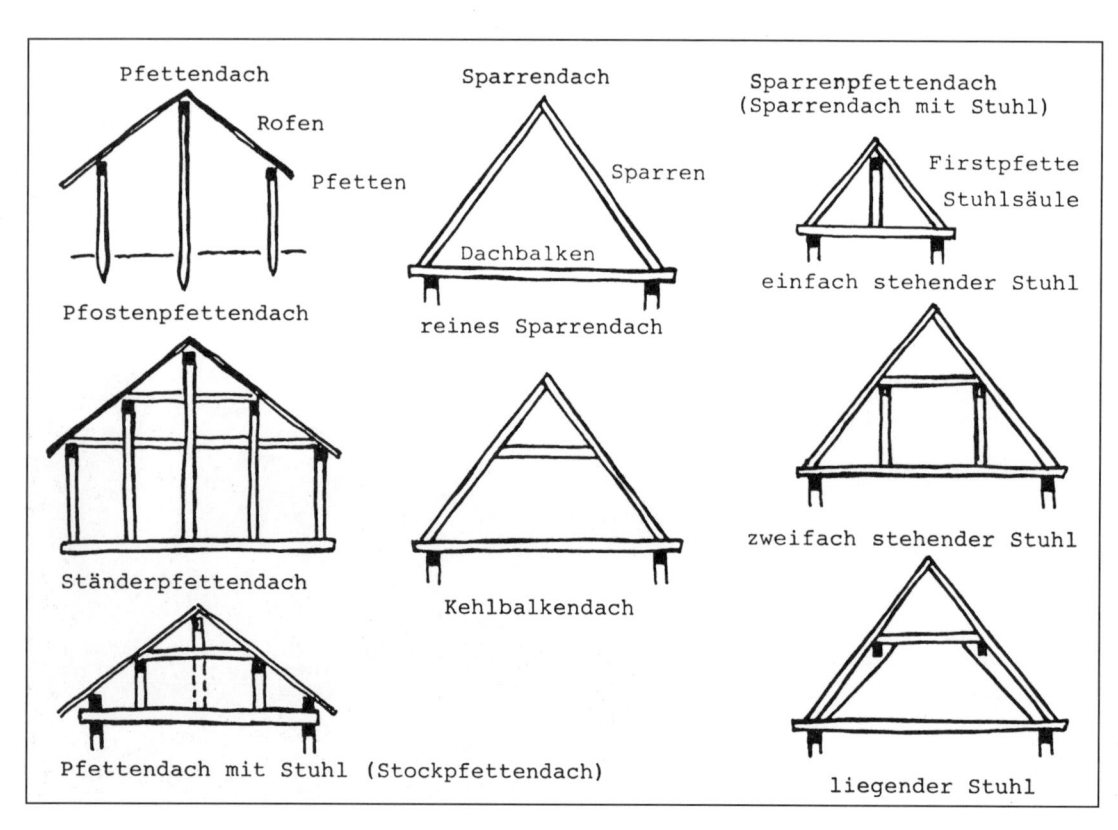

Abb. 55: Skizze der Dachkonstruktionen (Reutter)

VII. Fassaden- und Dachgestaltung

Das Erscheinungsbild der Häuser wird nicht nur durch Grundrißkonzeption und Baukonstruktion, sondern auch von der Fassaden- und Dachgestaltung maßgeblich bestimmt. Dabei dokumentiert sich vielfach ein ästhetischer Ausdruckswille, der sich vor allem in Elementen der dekorativen Fassadengestaltung zeigt. Aber auch funktionale Gesichtspunkte, wie der Wetterschutz durch Gebäudeverkleidungen, spielen hierbei eine Rolle – wobei funktionale und ästhetische Aspekte durchaus eine Verbindung eingehen können.

Im folgenden werden der regionaltypische Fachwerkschmuck, die Fachwerkfarbigkeit sowie die Fachwerkverkleidung zum Wetterschutz aufgezeigt. Weiterhin sollen die regionaltypische Gestaltung von verputzten Gebäuden sowie die Verwendung von ornamentierten Sockelsteinen und Hausfiguren als Gebäudeschmuck und schließlich die Dachgestaltungsarten der Rhön vorgestellt werden.

Eine auffallende Sonderrolle in baugestalterischer Hinsicht spielt der Architekturstil des Historismus, der in der Rhön im späten 19. und frühen 20. Jahrhundert eine weite Verbreitung fand und durch das Wirken von Architekten geprägt war. Damit wich dieser Baustil von den traditionellen Bauweisen mit ihren handwerklichen Überlieferungen, wie sie bisher dargestellt wurden, ab. Aus diesem Grunde erfährt die historistische Baugestaltung hier in einem Exkurs eine gesonderte Betrachtung.

VII.1 Fachwerkschmuck

Es wurde bereits erwähnt, daß viele Fachwerkbauten sich auf das konstruktiv Notwendige beschränken und infolge der Armut der Hausbesitzer kaum Gebäudeschmuck aufweisen. Fachwerkschmuck tritt insbesondere an Gebäuden von wohlhabenderen Bauern auf. Die Schmuckformen sind umso ausgeprägter, je ertragreicher die Landwirtschaft war. Insofern findet sich relativ viel Fachwerkschmuck im nordöstlichen Rhönvorland und im Saaletal, wo die geographischen und klimatischen Bedingungen günstiger und die finanziellen Einkünfte besser waren.

Im Fachwerkschmuck konnten sich ästhetische und repräsentative Bedürfnisse Geltung verschaffen. Gleichzeitig machten sich aber auch unterschiedliche kulturelle Einflüsse bemerkbar. Betrachtet man sich den Fachwerkschmuck der Rhön, so fällt auf, daß hier eine Mischung zwischen nieder- und oberdeutsch geprägten Schmuckformen zu konstatieren ist. Aber auch die westlichen bzw. östlichen Nachbarländer beeinflußten die Wahl der Schmuckformen. Durch die Kombination der unterschiedlichen Schmuckformen, aber auch infolge eigenständiger Entwicklungen in dieser Region kam es zur Ausbildung eines spezifischen Rhöner Gebäudeschmucks, der sich durch die Verbindung von Schnitzwerk und Schmuckhölzern auszeichnet.

VII.1.1 Schnitzwerk

Zahlreiche Fachwerkgebäude der Rhön weisen zum Teil aufwendig beschnitzte Hölzer auf. Dabei ist vor allem auf niederdeutschen Einfluß zurückzuführen, daß in dieser Region insbesondere die Geschoßzone, also der Übergang von Erdgeschoß zum Obergeschoß, gestalterisch hervorgehoben ist. Dabei werden Balkenköpfe, die zwischen Rähm und Geschoßschwelle sichtbar sind, häufig durch Profilierung mit Hohlkehle, Karnies oder Dreiviertelstab betont. Die Geschoßschwellen sind zumindest an der Unterkante geradlinig oder kielbogenartig abgefast, oft auch mit einem Schiffskehlenprofil nach unten zu ausgehöhlt. Die zwischen den Balkenköpfen befindlichen Füllhölzer weisen vielfach eine ebensolche Schiffskehlenprofilierung auf

Abb. 56: Geschoßzone mit Schiffskehlen an Füllhölzern und Geschoßschwelle

Abb. 57: Geschoßzone mit Zahnschnitt- und Taubandschnitzwerk in Neidhartshausen, profilierte Balkenköpfe

Abb. 59: Eckständer mit Rankenwerk in Batten

(Abb. 56). Zuweilen sind sie auch abgerundet oder mit Schuppenmustern versehen. Das Rähm trägt häufig im Zusammenklang mit den anderen Hölzern des Gebälkes Zahnschnitt, Tauband- oder Perlstabmuster (Abb. 57).

In Oberdeutschland waren solche aufwendigeren Profilierungen der Geschoßzone praktisch unbekannt. Hier hat man die Schwelle sehr oft glatt belassen oder mit einfachen Profilierungen versehen. Das Schnitzwerk beschränkte sich weitgehend auf die Eckständer. Diese Tradition der Eckständerverzierung setzte sich auch in der Rhön durch und verband sich hier mit der geschilderten, niederdeutsch beeinflußten Geschoßzonenprofilierung.

Eine in der Rhön weit verbreitete Form der Eckständerverzierung bildet ein geschnitzter Eckstab mit spiralenartig auslaufenden Enden (Abb. 58).

Abb. 58: Geschnitzter Eckständer mit Eckstab und Spiralen

Auch ornamentales Rankenwerk mit Blütendekor ist anzutreffen (Abb. 59). Vor allem in der östlichen Rhön taucht im 19. Jahrhundert das Flechtbandmotiv mit Doppelspirale auf (Abb. 60). Auch eingerahmte Ranken- und Rastermotive sind vorhanden.

Abb. 60: Eckständer mit Flechtband und Doppelspirale in Brendlorenzen

Die meisten Formen dieses volkstümlichen Schnitzwerks sind der Gedankenwelt der Renaissance entnommen und häufig aus der Steinornamentik auf das Holz übertragen. In der älteren Literatur wird dem Schnitzwerk aber auch ein symbolhafter Charakter zugeschrieben. Die häufig vorkommenden Spiralen sieht man hier zum Beispiel als Ausdruck für Kraft. Die Taubänder an Füllhölzern oder Geschoßschwellen werden gelegentlich als Umfassung des Besitzes und dessen Abgrenzung gegenüber der Außenwelt gedeutet.[60]

Neben ornamentalem Schnitzwerk, dessen Bedeutungen nur vermutet werden können, gibt es in der Rhön aber auch figürliches und darstellendes Schnitzwerk. In einigen Orten der thüringischen und bayerischen Rhön sind zum Beispiel Fratzen und Masken an Eckständern vorhanden, die sowohl freundliche als auch abweisende Gesichter aufweisen können. Je nach Gesichtsausdruck wird

Abb. 61: Eckständer mit Fratze in Motzlar

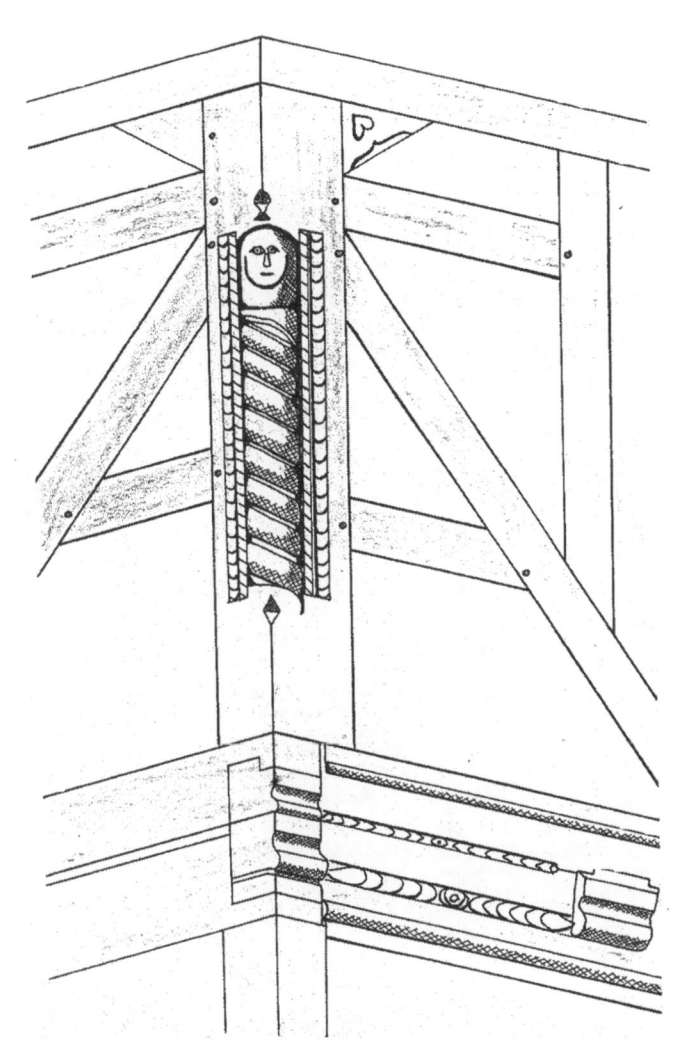

Abb. 62: Eckständer mit Fratze in Sünna

den Fratzen einladende oder abschreckende Wirkung zugeschrieben (Abb. 61 + 62).

Gleichzeitig offenbaren etliche Schnitzereien in der bayerischen Rhön christliche Motive. Zum Beispiel können die in Dornen auslaufenden Spiralen an Eckständern in Urspringen als Symbol für das Leiden Christi angesehen werden (Abb. 63). Die Verzierung eines Eckständers im heute bayerischen Unterelsbach mit stilisiertem Weinbaum und weinumrankter Säule wird in der Literatur als Versinnbildlichung der Vorstellung vom Wein als Blut des gemarterten Christi interpretiert[61].

Von Thüringen beeinflußt sind geschnitzte, umlaufende Profilierungen – vor allem in den Giebeldreiecken (Abb. 64). Dabei kam es wesentlich dar-

Abb. 63: Doppelspirale mit Dornen in Urspringen

auf an, die im Giebeldreieck sichtbaren Stuhlsäulen eines konstruktiv hochwertigen liegenden Dachstuhls optisch hervorzuheben. Allerdings wurden gelegentlich auch Sparrenpaare verdoppelt, um einen liegenden Dachstuhl vorzutäuschen

Abb. 64: Giebeldreieck mit umlaufender Profilierung in Neidhartshausen

– obwohl das Dachwerk einen stehenden Stuhl besaß. Die umlaufende Profilierung der Stuhlsäulen und/oder Sparren und des Rähms unter der Stichbalkenlage des Kehlgeschosses sowie zum Teil der Schwelle betonten dabei die Konstruktion in besonderem Maße.

VII.1.2 Schmuckhölzer

Neben den beschnitzten Hölzern gibt es in der Rhön auch Schmuckhölzer, die in zahlreichen Brüstungsgefachen zu finden sind. Schmuckhölzer haben keine konstruktive Bedeutung für das Fachwerkgefüge. Diese häufig schwungvoll bearbeiteten oder beschnitzten Hölzer dienen lediglich zur Zierde des Hauses und dokumentieren die Wohlhabenheit des Hausbesitzers.

Je weiter man in die südliche Rhön kommt, desto ausdrucksstärker werden die Schmuckformen. Besonders häufig sind Andreaskreuze und Feuerböcke, aber auch – vor allem in der südöstlichen Rhön – mit Andreaskreuzen durchkreuzte Rauten zu finden (Abb. 65). Die Giebeldreiecke werden vielfach mit negativen Rauten, die aus Winkelhölzern gebildet werden, und mit Burkreuzen geschmückt.

Neben diesen vornehmlich oberdeutsch beeinflußten Brüstungsfiguren gibt es aber auch spezifische Rhöner Formen.[62] Als ein typisches Schmuckholz der Rhön gilt die sogenannte Fischgräte, gelegentlich auch „thüringischer Tannenbaum" genannt. Dabei werden ein- oder beidseitig eines Ständers zwei bis drei kurze Riegel astartig angeordnet. Diese Riegel können sich dabei sowohl nach oben als auch nach unten neigen. Je nach Neigungsart

Abb. 65: Schmuckhölzer im Giebeldreieck eines Hauses in Kleinbrach

spricht man dann von steigenden oder hängenden Ästen. Dieses Schmuckholz findet sich vornehmlich in der thüringischen Region sowie in der nördlichen und westlichen Kuppenrhön (Abb. 66).

Ebenfalls in der nördlichen Rhön finden sich Kurzstiele in den Brüstungsgefachen unterhalb der Fenster, die eine reduzierte Form der weiter östlich vorkommenden Leiterstiele darstellen (Abb. 67).

Insgesamt ist also die Ausbildung des Fachwerkschmucks in der Rhön sehr unterschiedlichen Traditionen der Gestaltung verpflichtet. Im Norden und Nordosten herrscht niederdeutsch geprägtes Schnitzwerk vor, während in der südlichen Rhön dagegen eher oberdeutsche, christliche Schmuckelemente Verbreitung finden.

Abb. 66: Giebelseite mit „Fischgräten" in Liebhards

VII.2 Fachwerkfarbigkeit

Aussagen zur originalen Farbigkeit der Fachwerkgebäude in der Rhön lassen sich nur schwer machen. Dabei muß grundsätzlich festgestellt werden, daß die Farbgebung der Außenfassaden allgemein sehr kurzlebig ist und insofern häufig erneuert werden mußte. Neuere Anstriche überdecken dabei in den meisten Fällen ältere farbliche Fassungen. Im Rahmen der vorliegenden Dokumentation war es nicht möglich, umfangreichere Farbuntersuchungen durchzuführen. Die mit einem erheblichen Aufwand verbundenen Befundsicherungen müssen weitergehenden Forschungen vorbehalten sein. Allerdings konnten gelegentlich in wettergeschützten Winkeln und unter abgeplatzten Putzschichten ältere Farbreste entdeckt werden, die auf interessante farbige Gestaltungen der Rhöner Häuser vor allem im späten 19. und im frühen 20. Jahrhundert schließen lassen.

Abb. 67: Fachwerkhaus mit Kurzstielen in den Brüstungsgefachen

Vermutlich wurden viele Fachwerkhäuser der Rhön bis ins 19. Jahrhundert farblich kaum behandelt. Befunde – insbesondere in der thüringischen Rhön – deuten an, daß hier holzsichtige Bauten dominierten. Die Fachwerkhölzer waren und sind häufig nur mit Leinöl gestrichen, um sie haltbarer zu machen. Gelegentlich mischte man dem Öl Rußpigmente bei, so daß die Fachwerkhölzer dunkler erschienen. Die Lehmgefache wurden in der Regel nur weiß gekalkt.

Gegen Ende des 19. und zu Beginn des 20. Jahrhunderts erhielten viele Fachwerkbauten jedoch einen Farbanstrich. Die Fachwerkbemalungen der Rhön weisen in der Regel eine sogenannte Begleiterfarbigkeit auf. Dabei wurden neben die deckend gestrichenen Fachwerkhölzer ca. 3 cm breite Begleitbänder aufgemalt, die von dünn gezogenen Linien, den sogenannten Ritzern, in einer anderen Farbe eingerahmt sein können. In Gestaltung und Farbgebung waren dabei vielfältige Kombinationsmöglichkeiten gegeben (Abb. 68–70 u. Kasten).

Abb. 68: Habel: Reste von blauen „Begleitern"

Abb. 69: Heubach: Die Fachwerkhölzer waren hier vermutlich blau gestrichen, beigefarbene „Begleitbänder", durch rötliche „Ritzer" eingefaßt

Abb. 70: Langenbieber: neuere, weit verbreitete Fachwerkfarbfassung: braune Fachwerkhölzer, weiße Begleiter, beige Gefache

Beispiele für Farbzusammenstellungen (nach Befunden vor allem in der hessischen Rhön, um 1920):

Hölzer	Begleiter	Ritzer	Gefache
braun	beige	blau-grau	weiß
braun	weiß	ocker	beige
rot-braun	–	hellbraun	weiß
braun	hellblau	rot	weiß
rotbraun	blau	–	weiß
braun	weiß	braun	grau-weiß
blau	blau	blau	weiß
blau	–	rot	weiß

Diese farbenfrohe Gestaltung des Fachwerks zu Beginn des 20. Jahrhunderts wurde nach dem 2. Weltkrieg vielerorts durch eine schlichtere Farbgebung überdeckt. Als heutzutage überwiegend anzutreffende Farbkombination zeigt sich: braunes Fachwerk, weiße Begleiter und beige Gefache.

Gefachmalereien, wie sie in den Nachbarregionen der Rhön vorkommen, sind in der Rhön selbst kaum vorhanden. Lediglich in der Ostrhön tauchen gelegentlich Gefachinschriften oder -malereien auf, wie zum Beispiel im bayerischen Unterelsbach oder im thüringischen Stepfershausen.

VII.3 Fachwerkverkleidung zum Schutz vor der Witterung

Das rauhe Klima der Rhön ließ viele Besitzer von Fachwerkhäusern im 19. Jahrhundert dazu übergehen, insbesondere die Wetterseiten der Gebäude mit Holz zu verkleiden. Dies geschah – je nach Region – in Form von Bretterbohlen (sogenannten Wettbrettern), Schindeln, Schiefer- oder Ziegelverkleidungen.

VII.3.1 Schindelverkleidungen

Schindeln sind ca. 30 cm lange, ca. 10 cm breite und 8–15 mm starke Holzbrettchen, die von unten nach oben auf an der Fassade angebrachte Holzlatten oder eine Holzverschalung genagelt werden. Die Schindeln können verschiedene Formen aufweisen: Ältere Formen besitzen in der Regel einen runden oder spitzbogigen unteren Abschluß. Vermutlich seit dem späten 19. Jahrhundert verbreiteten sich aber auch Schindeln mit sogenannten Nasen, die durch zwei seitlich eingezogene Viertel-

Abb. 71: Mit Schindeln verkleidetes Ernhaus in Seiferts

rundungen am unteren Ende herausgebildet werden. In der Hohen Rhön (zum Beispiel im thüringischen Frankenheim) sind dagegen noch heute Schindeln mit geradem Abschluß beliebt.

Schindeln wurden früher meist in Heimarbeit gefertigt.[63] Ihre Herstellung und der Verkauf stellten für viele Rhönbewohner vor allem während der kargen Wintermonate ein willkommenes Zubrot dar. In der Regel fertigte man die Schindeln aus Buchenholz mit Hilfe von Spaltaxt, Holzschlegel und Zugmesser an. Ältere, manuell hergestellte Schindeln erkennt man daran, daß das Holz mit dem Faserverlauf gespalten wurde. Jüngere, maschinell gefertigte und gesägte Schindeln nehmen auf den Faserverlauf dagegen keine Rücksicht. Ältere Schindeln besitzen – laut Auskunft von Rhönbewohnern – den Vorteil, daß sie durch die Art ihrer Fertigung wasserabweisender und damit länger haltbar sind. Aus diesem Grunde weisen einige Gebäude heute noch bis zu hundert Jahre alte Schindelverkleidungen auf, wie zum Beispiel das Haus Ulsterstraße 4 in Seiferts (vgl. Abb. im Katalogteil u. Abb. 71). Diese an sich sehr beständige Gebäudeverkleidung wurde in früheren Zeiten allerdings dadurch beeinträchtigt, daß man zur Befestigung Eisennägel verwandte, die sehr schnell rosteten. Erst die Einführung von Stahlnägeln beseitigte dieses Problem.

VII.3.2 Wettbretter (mit Schindeln)

Schindelverkleidungen können sowohl allein als auch in Verbindung mit Wettbrettern auftreten. Wettbretter sind gesägte oder gespaltene Bretter, die ca. 15 cm breit und bis zu 80 cm lang sind.

Im Querschnitt sind sie meist keilförmig und mit einer Nut versehen. Die so gefertigten Bretter werden auf eine Lattung oder Holzverschalung genagelt, wobei sich jeweils die Keilspitze eines Brettes in die Nut des Nachbarbrettes fügt.

Die eher grobschlächtige Art der Wettbretterverkleidung lockerte man häufig dadurch auf, daß Fenster und Türen sowie Schwellen- und Geschoßzonen, aber auch die Gebäudeecken mit Hilfe von Schindeln mit vorwiegend rundem oder geradem Abschluß umrahmt und damit hervorgehoben wurden.

Auch bei sonst ärmlichen Gebäuden ist dabei ein ästhetischer Gestaltungswille erkennbar. Ein hervorragendes Beispiel bietet ein kleines Auszugshäuschen in Danzwiesen (Abb. 72). Längs zur Milseburg steht das eingeschossige Wohnstallhaus mit neu angebautem Wirtschaftsteil. Der Fachwerkbau ist vollständig mit einer Holzverkleidung versehen, die Ostfassade mit spitzbogigen Schindeln, die westliche Rücktraufe mit Wettbrettern. Eine besonders abwechslungsreiche Gestaltung fand die nördliche Giebelseite: Über dem Erdgeschoß, das mit älteren Spitzbogenschindeln verkleidet ist, springt ein kleines, mit Schindeln gedecktes Wetterdächlein, das insbesondere die Geschoßzone mit Geschoßbalken, Rähm und Balkenköpfen vor der

Abb. 72: Giebelseite eines Ernhauses in Danzwiesen: Wettbretter im Giebeldreieck, Schindeln im EG, Schindeldächlein in der Geschoßzone

Abb. 73: Neuere Bretterverkleidung mit Deckleisten

Abb. 74: Mit Schieferplatten verkleidetes Haus in Stepfershausen

Witterung schützen sollte, hervor. Das Giebeldreieck ist mit Wettbrettern versehen, wobei seitlich der paarig angeordneten Giebelfenster wiederum Bänder mit Spitzbogenschindeln angebracht sind. Die Kehlbalkengeschoßschwelle schützt ebenfalls ein Schindeldächlein. Unterhalb der Fenster und in den Bereichen der Geschoßzonen sind zusätzlich zu den Wetterdächlein horizontale Schindelbänder angebracht, wodurch eine weitere Gliederung der Fassade erreicht wird. Dieses Beispiel zeigt, daß die Notwendigkeit des Wetterschutzes durchaus mit einem Gestaltungswillen vereinbar war.

Während die Schauseiten der mit Schindeln und Wettbrettern verkleideten Häuser häufig eine schmuckvolle Gestaltung erfuhren, sind die blickabgewandten Seiten oder einzelne Fassadenteile häufig nur mit einfachen Wettbrettern oder aber auch horizontalen Holzverschalungen geschützt. So ist zum Beispiel die Rücktraufe eines Auszugshauses in Langenbieber vollständig mit horizontalen Brettern verschalt.

Eine jüngere Art der Holzverschalung besteht darin, die Bretter bündig auf die Latten aufzunageln. Danach werden die Spalten zwischen den Brettern mit Deckleisten versehen und auf diese Weise die Holzverschalung wetterfest gemacht (Abb. 73).

Die Gebäudeverkleidung mit Wettbrettern und Schindeln ist vor allem in der westlichen, hessischen Rhön weit verbreitet. In der thüringischen und bayerischen Rhön dagegen konzentriert sich diese Art des Wetterschutzes in der Regel auf wirtschaftliche Nebengebäude, Giebeldreiecke oder blickabgewandte Seiten.

VII.3.3 Schieferverkleidungen

Neben der Fachwerkverkleidung mit Holz gab es in der Rhön noch andere Gebäudeverkleidungsarten. Vorwiegend in der östlichen thüringischen Rhön – zwischen Dermbach und Meiningen – ist häufig eine Hausverkleidung mit Schiefer anzutreffen.[64] Auch bei dieser Gebäudeverkleidungsart ließ sich häufig das Nützliche des Wetterschutzes mit einer ornamentalen Wirkung verbinden. So sind die Schieferplatten meist in Rauten- oder Rechteckmustern angebracht. Eine Auflockerung erfuhr die dunkle Schieferverkleidung durch das zusätzliche Einfügen von Rauten-, Sonnen- oder Blumenmotiven aus hellem oder mit Stanniolpapier beklebtem Schiefer.

Als Beipel kann hier ein Gebäude in Stepfershausen herangezogen werden. Hier sind das Obergeschoß des Giebels und das Giebeldreieck mit Schiefer verkleidet. Oberhalb der Geschoßzone fügt sich ein Zickzackmotiv aus hellem Schiefer ein, zwischen den Fenstern des Obergeschosses befindet sich ein Sonnenmotiv. Ein schmales Band aus hellem Schiefer rahmt das Giebeldreieck ein, welches außerdem Rauten- und Kelchmotive aufweist (Abb. 74).

Diese Art der Gebäudeverkleidung und Motivik ist überwiegend sowohl in Thüringen als auch in Oberfranken weit verbreitet, so daß hier vermutlich eine Beeinflussung der östlichen Rhön von den angrenzenden Gebieten aus vorausgesetzt werden kann.

Abb. 75: Gebäude in Sünna: Mit Ziegeln verkleidete Giebelfelder

Abb. 76: Putzstelle bei einem Haus in Gotthards

VII.3.4 Ziegelverkleidungen

In der nördlichen thüringischen Rhön kam dagegen eher eine auch in Nordhessen verbreitete Gebäudeverkleidungsart zur Geltung. Vor allem im hessischen Werra-Meißner-Kreis gab es eine lange Tradition der Ziegel- und Keramikherstellung, so daß Ziegel – im Vergleich zu anderen Regionen – dort schon frühzeitig als gängiger Baustoff genutzt wurden.

In Anlehnung daran sind im nördlichen Rhönvorland hauptsächlich wirtschaftliche Nebengebäude und Giebeldreiecke von Haupthäusern mit Ziegeln verkleidet (Abb. 75).

Auch die Ziegelverkleidung wird auf Latten in der Richtung von unten nach oben angebracht. Die S-förmig gewellten Ziegel überlappen dabei mit ihrer konvexen Wölbung den Nachbarziegel, so daß eine lebendig wirkende Ziegelfläche entsteht.

Insgesamt ist jedoch zu betonen, daß die Gebäudeverkleidungen im wesentlichen erst seit dem frühen 19. Jahrhundert eine Verbreitung in der Rhön fanden. Die Obrigkeit stand dieser Entwicklung zunächst eher ablehnend gegenüber. Hessischen Bauamtsakten aus dieser Zeit kann entnommen werden, daß die Beamten bemängelten, die Häuser würden vor allem durch die Wandverkleidung mit Holzschindeln und Wettbrettern in ihrem Ansehen zu „Hütten" degradiert. Außerdem befürchtete man, daß sich das Regenwasser hinter der Holzverschalung stauen und somit zu einem Faulen der Fachwerkhölzer führen könnte.[65] Im Verlauf des 19. Jahrhunderts zeichnete sich hier jedoch eine Veränderung ab. Die Holzverkleidung wurde nun als Mittel zum Wetterschutz weitgehend akzeptiert und gelegentlich sogar – wie beim Bau der staatlichen Schulen – ausdrücklich gefordert.[66]

VII.4 Verputzte Gebäude und deren farbliche Gestaltung

Vor allem im heute bayerischen Teil der Rhön, aber auch in einigen hessischen und thüringischen Orten treten zum Teil aufwendig verputzte und farbig gestaltete Gebäude auf. Das Verputzen von Fachwerkbauten muß im Zusammenhang mit einer allgemein in Mitteldeutschland erkennbaren, historischen Modeerscheinung gesehen werden: Vor allem seit dem späten 18. Jahrhundert ging man dazu über, ältere Fachwerkbauten zu verputzen und neue Bauten zugleich als Putzbauten zu konzipieren. In den meisten Fällen wollte man damit einen in den damaligen Augen wertvollen Massivbau vortäuschen. Gelegentlich wurde das Verputzen eines Gebäudes aber auch aus Witterungsschutzgründen empfohlen.[67]

Wenn das Fachwerk verputzt werden sollte, mußte das Holz zuvor mit einem Putzträger versehen werden. Dies konnte durch das Aufrauhen des Holzes selbst geschehen, indem man mit dem Beil die Holzoberfläche aufschlug. Auch das Aufnageln von Drähten, Holzleisten, Schilfrohr oder Strohmatten erfüllte den gleichen Zweck (Abb. 76). Ältere, noch vorhandene Putze an Gebäuden zeigen, daß in der Rhön bis ins 20. Jahrhundert Lehmputze, die mit Strohbeimengungen gefestigt

Abb. 77: Gebäude in Stepfershausen: Fachwerkgebäude mit Quadermauerwerksimitation (Schadensstelle)

und durch Kalkschlämme oder Anstriche überdeckt wurden, üblich waren.

Zum Teil imitieren in den reicheren Regionen der Rhön verputzte Fachwerkbauten auch aufwendigere Steinarchitekturen.[68] Dies konnte beispielsweise durch das Anlegen unterschiedlicher Putzstrukturen erreicht werden. Häufig wird dabei die Wandfläche mit einem Rauhputz versehen, während die Gebäudeecken durch einen Glattputz pilasterartig hervorgehoben sind.

Einen besonders aufwendigen Verputz weist ein Gebäude in Stepfershausen auf. Das Fachwerkgebäude wurde im Erdgeschoß mit einem buntsandsteinfarbenen Glattputz überzogen, der mit fein gezogenen Putzkerben versehen ist, so daß der Eindruck eines regelmäßig gearbeiteten Natursteinmauerwerks entsteht (Abb. 77). Das Obergeschoß ist mit einem ebenfalls buntsandsteinfarbenen Rauhputz ausgestattet.

Beim Verputzen von Gebäuden zeigt sich also häufig ein dekorativer Gestaltungswille: dies reicht vom einfachen Bearbeiten mit der Kelle bis zu aufwendigen Nachahmungen von Natursteinmauerwerk.

Daneben spielte bei den Putzbauten aber auch eine Fassadengliederung durch unterschiedliche Farbfassungen eine wesentliche Rolle.

Vor allem Gebäude in der bayerischen Rhön erhielten im 19. Jahrhundert eine differenziertere Farbgestaltung. Dabei zeigen sich deutlich Einflüsse insbesondere aus dem benachbarten unter- und mittelfränkischen Raum, die ihren Niederschlag in einer in dieser Region weit verbreiteten farblichen Absetzung von Fenster- und Türgewänden, Ortgängen und Gurtgesimsen finden.[69] Hinzu kommen aufgemalte Ecklisenen und Eckquaderungen (Abb. 78). Verstärkt wird die farbliche Gliederung der Fassaden noch durch aufgemalte Begleiterstriche oder ornamentale Begleiterbänder entlang der Lisenen, wie zum Beispiel an einem Gebäude in Oberleichtersbach. Hier weist eine ältere Farbschicht Reste eines rot gefaßten, aus Rauten und Kreisen gebildetem Ornamentband auf (Abb. 79).

Reste einer Fassadenbemalung finden sich auch am zweigeschossigen, aufgesockelten Ernhaus Von Henneberg-Straße 34 im bayerischen Stralsbach (Abb. 80). Der Rauhputz der Wandfläche weist einen beigen Grundton auf, während in Glattputz abgesetzte Ecklisenen, Gurtgesims und Ortgangbänder mit grün-grauer Farbe versehen sind. Die Ecklisenen des EGs sind zusätzlich mit einem ornamentalen Motiv bemalt, während die des OGs als Quaderrustika gestaltet sind. Das Gurtgesims des EGs und die Ortgangstreifen wurden mit ei-

Abb. 78: Putzbau mit farblich abgesetzten Ecklisenen

Abb. 79: Fassadengestaltung: Oberleichtersbach

Abb. 80: Fassadengestaltung: Stralsbach

Abb. 81: Reste Malerei am Gebäude in Unterwaldbehrungen

Abb. 82: Barocke Fassadengestaltung eines Fachwerkgebäudes in der thüringischen Rhön (historisches Foto)

nem eierstabähnlichen Motiv geschmückt. Zusätzlich gibt es in den Bereichen der Brüstungsfelder des OGs noch Spuren von aufgemalten Burkreuzen und Rauten. Bei der Bemalung dieses Gebäudes scheute man sich nicht davor, Stilelemente des Steinbaues mit denen des Fachwerkbaues zu verbinden (Abb. 81 + 82).

VII.5 Ornamentierte Sockelsteine

Während Balkeninschriften, die in anderen Regionen auf die Erbauer hinweisen, nur selten auftreten, weisen die Sockel in der Rhön vielfach Schmucksteine mit eingemeißeltem Erbauungsjahr und den Initialen von Bauherrn und Bauherrin auf (Abb. 83).

Gelegentlich findet man auch Sockelsteine, die mit einem floralen Motiv geschmückt sind, wie zum Beispiel in Neuswarts. Hier sind seitlich einer Kellerluke solche Schmucksteine angeordnet (Abb. 84).

Inschriften- und Schmucksteine waren in der Rhön sehr beliebt, so daß beim Neu- oder Umbau eines Hauses Schmucksteine des Vorgängerbaues oder eines anderen Hauses wiederverwendet wurden. Daraus erklärt sich, daß an Gebäuden gelegentlich Inschriftensteine auftreten, die nicht für den betreffenden Bau angefertigt worden waren. Deshalb sind diese Steine nicht immer ein verläßliches Zeugnis für das Erbauungsjahr des jeweiligen Hauses.[70]

Abb. 83: Sockelstein mit Inschrift in Neuswarts

Abb. 85: Hausfigur (Christus) in Gotthards

Abb. 84: Sockelstein mit floralem Motiv in Neuswarts

eher schwungvolle und verspielte barocke Gestaltung durchsetzt. Die meisten der noch vorhandenen Figuren entstammen jedoch dem 19. Jahrhundert, in dem eine romantische Auffassung der Heiligendarstellung herrschte.[72]

Diese Hausfiguren sind in der Regel plaziert in einem einfachen, heute meist verglasten Gefachkasten ohne weitere Schmuckelemente, zuweilen stehen sie aber auch frei auf Konsolen.

Abb. 86: Hausfigur in Reulbach

VII.6 Hausfiguren

Weiterhin sind vor allem in der südlichen Hälfte der Rhön, aber auch in der westlichen Kuppenrhön vielfach Häuser anzutreffen, die eine Heiligennische aufweisen. Häufig wurden diese Nischen in ein Fachwerkgefach oberhalb der Haustüre oder im Giebeldreieck integriert, andere Heiligenfiguren finden sich an den Hausecken (Abb. 85 + 86). Dieser christliche Gebäudeschmuck drang von Franken her in die Rhön ein und dokumentierte sich hier zugleich in einer langen Tradition der Holzschnitzkunst.[71]

Meist stellen die Figuren der Rhön das Bildnis Mariens und Jesus dar. Gelegentlich sind auch weitere Heilige, wie zum Beispiel St. Joseph, St. Georg oder St. Wendelin, an den Bauernhäusern vertreten. Figuren des 17. Jahrhunderts zeichnen sich durch wallende und fließende Formen aus, während sich im 18. und 19. Jahrhundert eine

VII.7 Dachformen und -gestaltung

Als vorherrschende Dachform dominieren im gesamten Gebiet der Rhön abgeschrägte Satteldächer. Die Dachneigung beträgt dabei spätestens seit dem 19. Jahrhundert durchschnittlich 45 bis 50°. In früheren Jahrhunderten waren die Dächer jedoch wesentlich steiler (bis zu 65°). Dies hing in erster Linie zusammen mit der weit verbreiteten Stroheindeckung, um hier einen schnelleren Wasserablauf zu gewährleisten. Die Dachüberstände betragen auf der Traufseite meist ca. 30 cm und am Ortgang ca. 10 cm (Abb. 87).

Im Vergleich zu den Satteldächern kommen Krüppelwalmdächer, die am Giebel eine etwas heruntergezogene Dachfläche aufweisen, in der Rhön seltener vor. Hier sind es vor allem die reicheren Orte am Nord- und Ostabfall der Rhön, die eine solche Dachform aufweisen (Abb. 88). Mansarddächer, die eine gebrochene Dachfläche aufweisen, blieben in der Rhön eine Randerscheinung. Pultdächer kommen in der Rhön nur auf Stallgebäuden – und hier vor allem auf Schweineställen – vor.

Dachaufbauten sind in der Rhön insgesamt relativ selten anzutreffen. Die zum Teil vorhandenen Schleppdachgauben wurden meist erst im Zuge von nachträglichen Dachraumausbauten zu Wohnzwecken aufgesetzt. Auch Zwerchhäuser sind meist eine spätere Zutat.

Eine Besonderheit der Dachgestaltung stellen jedoch aufwendige Firstfiguren dar, die zum Teil eine Größe bis zu 50 cm aufweisen können. Ein vor der Vernichtung gerettetes Beispiel einer Firstfigur ist eine „Kreuzigungsgruppe" mit Jesus aus dem bayerischen Motten (Abb. 89).

Abb. 88: Gebäude mit Krüppelwalmdach

Abb. 89: Kreuzigungsgruppe als Firstfigur

Abb. 87: Gebäude mit Satteldach

Exkurs: Baugestaltung im Historismus

Gegen Ende des 19. Jahrhunderts setzte eine im wesentlichen von Architekten getragene Bewegung ein, die sich vor allem in der heute hessischen und thüringischen Rhön niederschlug. In zahlreichen Orten der Rhön entstanden prächtige Fachwerkbauten aus industriell hergestellten Bauteilen. In historisierender Weise wurden dabei alte Schmuckformen und Schnitzereien aufgegriffen und in überschwenglicher Manier zur Gestaltung der Gebäude verwendet. Damit wurde die traditionelle Bauweise, die sich durch handwerkliche Überlieferung und Bodenständigkeit auszeichnete, verlassen. Architekten nutzten lediglich die historischen Vorbilder, um einzelne Elemente davon bewußt in einen „Landhausstil" zu integrieren.

Dieser als Historismus bezeichnete Baustil hatte seine Ursache in einem allgemein zu dieser Zeit zunehmenden Interesse an der Geschichte und an historischen Bauweisen. Gleichzeitig machte sich infolge der Industrialisierung eine zunehmende Zerstörung der ländlichen Lebenswelt bemerkbar, so daß die Forderung nach dem Erhalt der dörflichen Bauweisen immer lauter wurde. In diesem Rahmen ging man auch dazu über, die traditionellen Bauweisen zu studieren und daraus eine aktuelle Architektur abzuleiten. Für die Rhön besonders bedeutungsvoll wurde das Wirken des Meininger Baurates Fritze, der nicht nur den „hennebergischen Baustil" erforschte, sondern auch zahlreiche historistische Fachwerkbauten in der thüringischen Rhön anregte.[73]

In der hessischen Rhön wurden zum Beispiel in Langenbieber zahlreiche stattliche Gebäude im Stile des Historismus errichtet. Als Beispiel dafür kann das Haus An der Bieber 4 dienen: Es handelt sich hier um ein großvolumiges, zweigeschossiges Fachwerkhaus mit Krüppelwalmdach. Der Mittelrisalit besitzt ein abgewalmtes Zwerchhaus. Die Brüstungsfelder weisen aus Winkelhölzern gebildete Rauten und Oktogone sowie geschwungene Andreaskreuze auf. Eck- und Bundständer sind mit gebogenen Streben, teilweise auch mit Mannfiguren versehen, die Giebelfelder mit netzartigen Fachwerkschmuckhölzern (Abb. 90). Weitere Historismusgebäude in Langenbieber befinden sich in der Mühlengasse (dat. 1922), An der Bieber 1 (dat. 1912) und An der Bieber 18.

Auch in Kleinsassen sind noch stattliche Gebäude des Historismus vorhanden, wie zum Beispiel das Haus Rhönringstraße 10 (dat. 1915). Dies ist ein zweigeschossiger Fachwerkbau mit hohem Krüppelwalmdach und vorliegendem, holzverschindeltem Oberteil des Giebels. Wie die älteren Vorbilder weist das Haus geschnitzte Balkenköpfe und Füllhölzer sowie Schmuckhölzer auf (Abb. 91).

Zahlreiche Gasthäuser wurden im Stil des Historismus neu errichtet bzw. erfuhren einen Umbau entsprechend dem damals als modern empfundenen Baustil. Um 1900 erbaut wurde das Gasthaus „Zum Rosenbachschen Löwen" in Eckweisbach. In der Ortsmitte steht dieser zweigeschossige Fach-

Abb. 90: Historismusgebäude in Langenbieber

Abb. 91: Historismusgebäude in Kleinsassen

Abb. 92: Gasthof "Zum Rosenbachschen Löwen" in Eckweisbach

Abb. 93: Historistisch überformtes Gasthaus "Sächsischer Hof" in Dermbach

werkbau, der sich durch zwei halb abgewalmte Zwerchhäuser auszeichnet, traufständig zur Straße. Das Untergeschoß ist in Klinkermauerwerk mit profilierter Sandsteinrahmung der Öffnungen aufgeführt. Das Obergeschoß besteht aus Fachwerk, das zum Teil eine jugendstilartige Anordnung von Schmuckhölzern aufweist (Abb. 92).

Aber auch ältere Gasthöfe wurden um die Wende zum 20. Jahrhundert in historistischer Manier umgestaltet. Das Gasthaus "Sächsischer Hof" im thüringischen Dermbach, das in seinem Grundstock dem Jahre 1623 entstammt, stockte man im Jahre 1901 in historistischer Art auf. Nun weist es ein Fachwerkobergeschoß, einen Kniestock, Krüppelwalmdach, Zwerchgiebel und Schleppdachgauben auf. Die Brüstungsfelder sind mit Rauten und Andreaskreuzen verziert (Abb. 93).

Die Dachgestaltung des Historismus wich deutlich von den bisher überlieferten Formen ab. Während die traditionellen Dächer in der Rhön nur geringe Dachüberstände aufwiesen, sind die Dachüber-

Abb. 94: Giebelgestaltung im Historismus ("Schwebegiebel")

stände gegen Ende des 19. Jahrhunderts besonders ausgeprägt. Sie betragen auf der Traufseite durchschnittlich ca. 40 bis 60 cm und am Ortgang 30 bis 40 cm. Die Ortgänge sind dabei zusätzlich durch geschnitzte Ortgangbretter verziert. Häufig weisen diese Gebäude auch geschnitzte Schwebegiebel auf, die aus einer Hängesäule und einem in Ortgangbretter und Hängesäule gezapftem Riegelbrett bestehen. Die Hängesäulen laufen dabei häufig in stilisierte Eicheln aus (Abb. 94).

VIII. AUSSTATTUNGSELEMENTE

Im folgenden sollen bauliche Details der Rhöner Hauslandschaft, die vorwiegend der Wohnnutzung dienten, beschrieben werden. Hierzu gehören Bauelemente wie Fenster und Fensterläden sowie Türen und Tore, die je nach Stand der technischen Entwicklung und der jeweiligen Moden starken Wandlungen unterworfen waren. Auch die Gestaltung der Vortreppen, die der Erschließung der Bauten dienten, wird behandelt.

VIII.1 Fenster

Fenster erhellen die Wohnräume und gewähren den Blick nach draußen. In früheren Zeiten blieben sie relativ klein, da das Glas für die Fensterscheiben teuer war. Mit allgemein wachsendem Wohlstand und einer Verbilligung des Glases im 19. Jahrhundert wurden sie zunehmend größer. Proportionen und Gliederungen der traditionellen Vorbilder behielt man jedoch weitestgehend bei.

In den Ortschaften der Rhön sind ältere Fenster noch an zahlreichen Gebäuden vorhanden. Meist finden sich dabei unterschiedliche Fensterarten gleichzeitig am selben Objekt. Während sie im Wohnbereich oftmals erneuert wurden, blieben sie in den Giebeldreiecken eher vorhanden. Auch nicht mehr genutzte Nebengebäude weisen teilweise noch historische Fenster auf.

Die ältesten erhaltenen Fenster an Fachwerkbauten stammen ca. aus der Mitte des 18. Jahrhunderts.

Dabei handelt es sich um relativ kleine Fenster mit mittlerem Kämpfer oder Pfosten und senkrechtem oder waagerechtem Schiebefenster[74] (Abb. 95).

Besonders häufig sind in der Rhön jedoch Kreuzstockfenster mit einem oder zwei Schiebefenstern anzutreffen, die ebenfalls seit der zweiten Hälfte des 18. Jahrhunderts verwendet wurden. Diese bestehen aus einem einfachen Eichenrahmen mit kreuzförmig eingefügten Leisten. In der Regel sind zwei oder drei Felder des so gebildeten Kreuzes mit festen Glasscheiben versehen, während ein oder zwei Felder durch Schiebefenster, deren Führung in einer Nut erfolgt, geöffnet werden können. Die Verriegelung wird durch eine in die untere Nut eingelegte Holzleiste gewährleistet. Die ursprüngliche Verglasung bestand aus bleigefaßten Butzenscheiben, dann aus Sechseckscheiben, später aus Glas mit Bleiruten (Abb. 96).

Mit der Verwendung größerer rechteckiger Scheiben und den ersten einfachen Beschlägen wurden dann Kreuzstockfenster mit einem Drehflügel, der am Mittelstock befestigt war, gebaut. Diese Fensterkonstruktion blieb bis weit in das 19. Jahrhundert hinein verbreitet, wobei die Größe der Fenster im Laufe der Zeit allmählich zunahm. Sie reichte schließlich von 60 mal 80 cm bis zu 75 mal 105 cm (Abb. 97 + 98).

Der Übergang vom älteren Fenster mit einem kleinen Drehflügel am Mittelstock zum zweiflügeligen Fenster, dessen Flügel am Fensterrahmen be-

Abb. 95: Altes Schiebefenster in Motzlar

Abb. 98: Kreuzstockfenster mit Drehflügel in Schackau

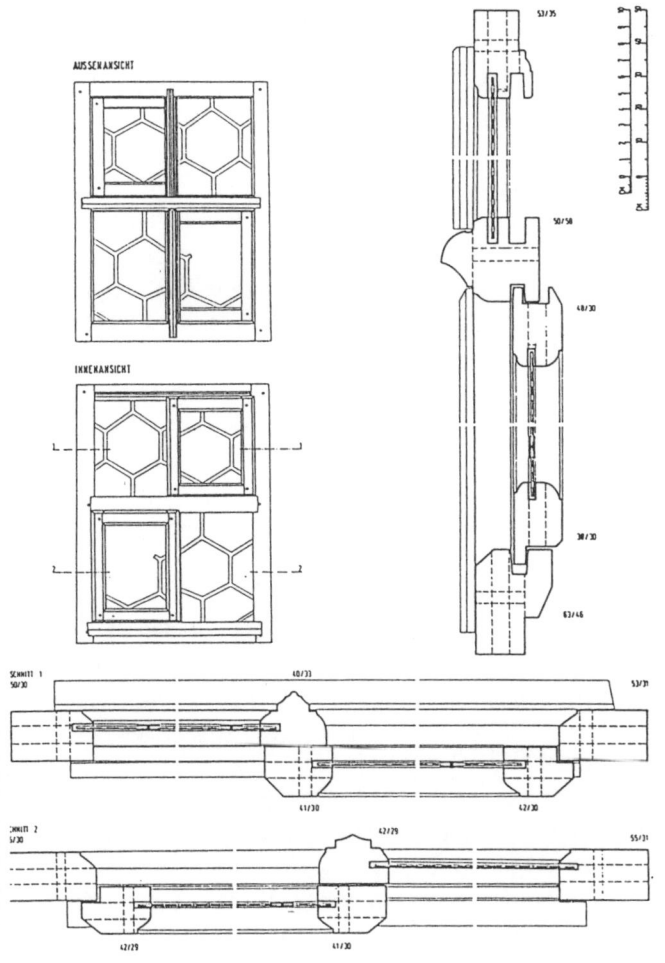

Abb. 96: Kreuzstockfenster mit Schiebefenster

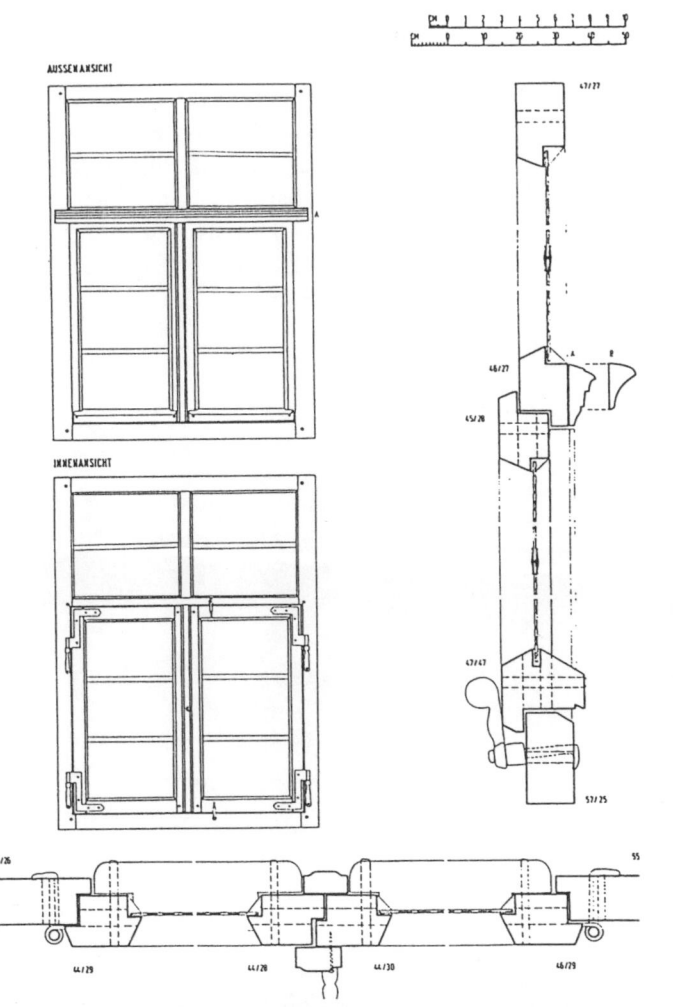

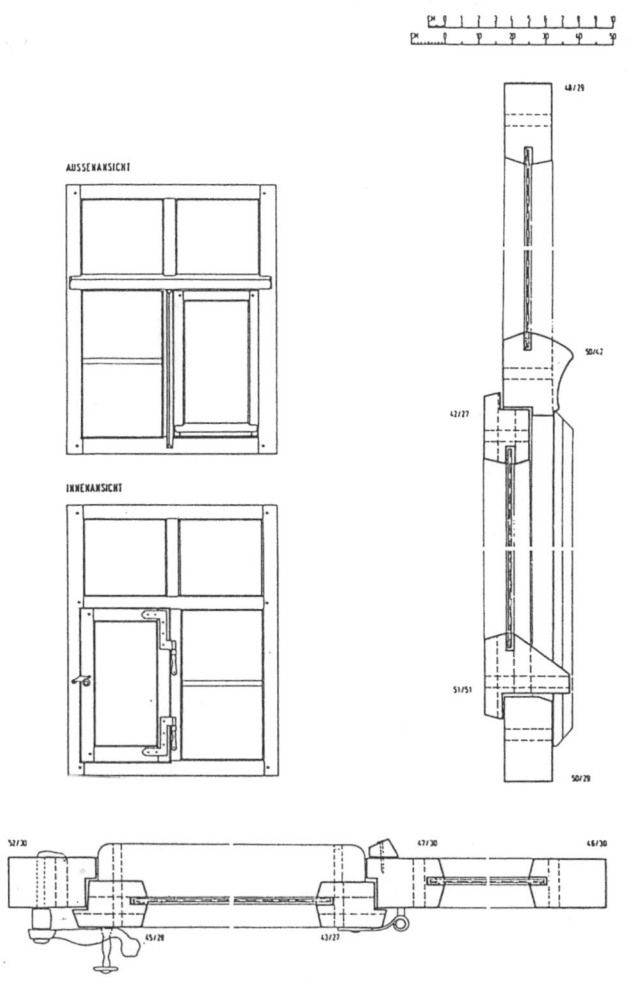

Abb. 97: Kreuzstockfenster mit Drehflügel am Mittelstock

Abb. 99: Fenster mit Kämpfer, 2 Flügel (Oberlicht zum Kippen)

◀ Abb. 100: Fenster mit Kämpfer, 2 Flügel, festes Oberlicht

festigt sind, erfolgte nahtlos. Diese konnten mit oder ohne Oberlicht ausgebildet sein. Vor allem in der zweiten Hälfte des 19. Jahrhunderts wurden die sogenannten Galgenfenster mit Oberlicht und zwei Drehflügeln üblich (Abb. 99). Außerdem fand ein Übergang von der Ausstattung mit Bleiruten zu Holzsprossen statt.

Die Fenster der Gründerzeit seit dem späten 19. Jahrhundert weisen eine nochmalige Vergrößerung auf. Typisch für diese Ära sind unterschiedliche Sprosseneinteilungen mit großflächig verglasten Fensterflügeln und enger Sprossenstellung im Oberlicht (Abb. 100).

VIII.2 Fensterläden

An den historischen Gebäuden der Rhön trifft man originale Fensterläden nur selten an. Meist sind Fensterläden eine spätere Zutat. Eine Sonderrolle spielen allerdings die Schiebeläden in der östlichen thüringischen Rhön (vor allem im Kreis Meiningen).[75]

Schiebeläden repräsentieren eine sehr altertümliche Form des Fensterverschlusses: dabei läuft der Fensterladen in einem sogenannten Gerähme. Die ältesten dieser noch vorhandenen Läden stammen aus dem 18. Jahrhundert, die meisten gehören jedoch dem 19. Jahrhundert an.

Die Läden selbst sind schlicht gearbeitet (Abb. 101). Sie bestehen aus drei bis fünf Brettern, die durch zwei breite Leisten miteinander verbunden sind. Das Feld zwischen den Leisten ist dabei häufig mit dekorativer ornamentaler Malerei ge-

schmückt. Hier findet man neben geometrischen vor allem florale Motive. Die eigentliche Auszier befindet sich jedoch am Rahmen. Dieser weist seitlich und häufig auch am unteren abschließenden Brett eine ornamentale, zum Teil auch figürliche Durchbrucharbeit auf, die durch Aussägen gebildet wurde. Die Durchbrucharbeit orientiert sich zum Teil an der Stilkunst der 2. Hälfte des 18. Jahrhunderts und zeigt häufig Rocailleformen oder die Ornamentik des Zopfstils. Gelegentlich sind auch Tulpen, Sechssterne oder Vogelmotive zu finden.

VIII.3 Türen und Tore

Türen und Tore prägen wesentlich das Erscheinungsbild eines Hauses. Sie geben Auskunft über den Wohlstand des Hausbesitzers und über die Funktion des jeweiligen Gebäudes im Hofzusammenhang. So weisen Ställe z.B. in der Regel einfachere Türen als die Haupthäuser auf.

Haustüren waren in größerem Maße als andere Ausstattungselemente Entwicklungen und gestalterischen Moden unterworfen. Vor allem die Stilrichtungen der Renaissance, des Barocks und des Klassizismus beeinflußten die Türgestaltungen. Aber auch die Konstruktionsart der Türblätter änderte sich im Laufe der Jahrhunderte.

Ältere bildliche Darstellungen sowie bauliche Hinweise an historischen Gebäuden deuten darauf hin, daß es in der Rhön bis ins 18. Jahrhundert horizontal zweigeteilte Haustüren gab.[76] Bei diesen Türen blieb der obere Flügel so oft wie möglich zur Lüftung der Küche und zur Kontrolle des Hofes offen, während der untere, geschlossene Flügel

Abb. 101: Bemalter Schiebeladen in Neidhartshausen

Abb. 102: Zweigeteilte Haustür

Kleinvieh und Hühner daran hinderte, in das Haus einzudringen. Die quergeteilten Haustüren konnten im oberen Bereich entweder einen relativ niedrigen rechteckigen Türabschluß oder einen Rund- bis Spitzbogen aufweisen (Abb. 102). Spuren einer Rundbogentür lassen sich zum Beispiel am Haus Thomas-Müntzer-Straße 20 in Sünna finden. Hinter dem Brettergewände der heutigen, jüngeren Tür befinden sich gefaste Türstreichstiele und Zapfenlöcher eines Rundbogens. Der Bogen setzte sich einst vermutlich aus zwei gebogenen Winkelhölzern zusammen.

Vor allem in der reicheren Ostrhön waren seit dem 17. Jahrhundert aufgedoppelte Türblätter, die auf handwerklich einfache Art und Weise eine aufwendige Gestaltung der Schauseite erlaubten, weit verbreitet. Aufgedoppelte Türen bestehen aus zwei Lagen: Die hintere Brettlage stellt eine glatte Tür aus senkrechten Brettern mit eingegrateten Einschubleisten dar. Auf diese Unterlage wurde die äußere Ziertür mit ihrem Rahmen, reich verkröpften Kehlleisten oder geschnitzten Füllungen aufgesetzt. Ein noch vorhandenes Beispiel für eine derartige Tür ist an einem Haus in Brendlorenzen bei Bad Neustadt zu finden. Diese aufgedoppelte Tür weist in ihrem oberen Bereich quadratische Felder mit Blütenmotiven auf, die mit taubandartigen Ornamenten umrahmt sind. Die rechteckigen Felder im unteren Bereich der Tür sind mit Kelch und Blumenmotiv beschnitzt. Oberhalb der mit Wulstprofil versehenen Querleiste ist eine geschnitze Girlande angebracht (Abb. 103 + Konstruktionsskizze).

Im 19. Jahrhundert setzten sich allgemein die Rahmenfüllungstüren, die in gestemmter Arbeit

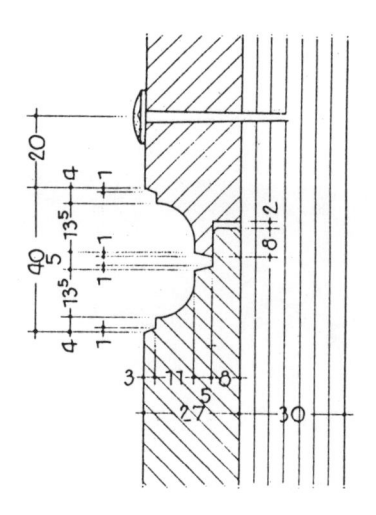

Abb. 103: Aufgedoppelte Haustür mit reicher Verzierung in Brendlorenzen.
Links: Konstruktionsprinzip einer aufgedoppelten Tür.

einlagig aus Rahmen und Füllung gearbeitet werden, durch. Meist handelt es sich dabei um Vier- bis Sechsfüllungstüren, wobei die quadratischen oder rechteckigen Füllungen auf- oder unterlegt sein konnten. Häufig weisen die Füllungen rautenartige Ornamente und die Querleisten Wulst- oder Karniesprofil auf (Abb. 104 + Konstruktionsskizze).

Im oberen Bereich der Haustüröffnung wurde meist ein Oberlicht angebracht, das den ansonsten dunklen Ern erhellte. Gegen Ende des 19. und zu Beginn des 20. Jahrhunderts ging man auch dazu über, Rahmenfüllungstüren mit Glaseinsätzen zu verwenden, um den Flurraum mit mehr Licht zu versorgen.

Im Gegensatz zu den Haustüren sind die Stalltüren durchgängig sehr einfach gestaltet, meist als schlichte Brettertüren, die mit Eisenbändern und Kloben befestigt sind. Die Bretter können dabei sowohl quer als auch längs angebracht sein.

Neben diesen einfachen Bretterstalltüren gibt es auch zahlreiche quergeteilte Stalltüren. Ähnlich den älteren Haustüren dienten sie dazu, durch die geschlossene untere Hälfte das Vieh im Stall zu halten. Die geöffnete obere Hälfte gewährleistete einen regelmäßigen Luftaustausch.

Vor allem im Bereich der aufgesockelten Wohnstallhäuser im bayerischen Teil der Rhön spielte die Gestaltung des Kellereingangs eine große Rolle. Die Türöffnungen wurden mit sorgfältig bearbeiteten Sandsteingewänden – entweder mit Rundbogen oder geradem Türsturz – versehen. Meist findet sich hier auch das Erbauungsjahr

Abb. 105: Scheunentor mit Schmuckleisten in Sünna

Abb. 104: Einfache Rahmenfüllungstür (in Seiferts) mit Rautenornamenten (unten: Konstruktionsskizze)

eingemeißelt. Die Kellertüren selbst sind in der Regel häufig als einflügelige Türen mit längs- oder querverlaufenden Brettern ausgebildet. Zum Teil gibt es auch zweiflügelige Türen (mit Handring).

Auch die Scheunentore sind häufig sehr einfach gehalten und als schlichte, zweiflügelige Brettertore mit einer Schlupftür, befestigt mit Bändern und Kloben ausgebildet. Besonders in der thüringischen Rhön gibt es aber auch Scheunentore, die außen eine Verzierung aufweisen. Hier „haben geschickte Zimmerleute durch Stabbretter, harmonisch aufgesetzte Leisten, handgeschmiedete Bänder und Nägel recht ansprechende Formen geschaffen".[77] Meist sind die Leisten dabei in Form von großen oder kleinen Andreaskreuzen aufgesetzt (Abb. 105).

Im hessischen Teil der Rhön dominieren dagegen Scheunentore, deren Bretterzwischenräume durch aufgenagelte Leisten verdeckt sind. Der obere Abschluß wird oft durch eine friesartige Deckleiste gebildet (Abb. 106).

Abb. 106: Scheunentor mit Deckleisten in Langenbieber

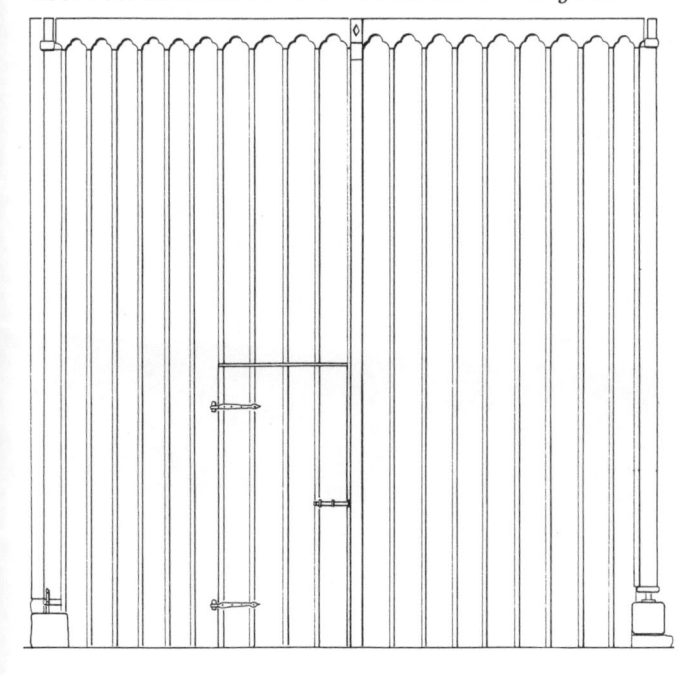

VIII.4 Vortreppen und Lauben

Die meisten älteren Vortreppen in der Rhön bestehen aus rotem bis gelblichem Buntsandstein. Häufig ist vor der fast ebenerdigen Haustür nur eine Blockstufe angebracht. Liegt der Eingang etwas erhöht, so führt in der Regel eine mehrstufige Blocktreppe hinauf.

Neben diesen einfachen Treppen sind auch ein- oder zweiläufige Außentreppen mit Podest zu finden. Vor allem gestelzte Wohnstallhäuser weisen aufgrund der sich im ersten Obergeschoß befindlichen Eingangstür mächtige Außentreppen auf. Eine noch originale, zweiläufige Treppe besitzt das bereits erwähnte gestelzte Wohnstallhaus Eichenriederstraße 1 in Oberkalbach. Es ist eine hohe zweiläufige Außentreppe aus Buntsandstein mit geschmiedetem Eisengeländer und einer steinernen Sitzbank auf dem Podest (s. Abb. 30).

Während diese Außentreppe in Oberkalbach vollständig massiv errichtet ist, diente in der thüringischen Rhön der Hohlraum unter dem Podest oft als Unterschlupf für Gänse und Hühner. So steht vor der Haupteingangstür des Hauses Thomas-Müntzer-Straße 20 in Sünna eine zweiläufige Außentreppe aus Buntsandsteinblöcken. Unter dem Sandsteinpodest (mit Randprofilierung) ist zwischen zwei Sandsteinsäulen eine Öffnung angebracht, die für das Kleinvieh einen Zugang zum Hohlraum unter der Treppe gewährt.

Noch aufwendiger gestaltet ist eine Außentreppe mit Unterschlupf in Stepfershausen. Vor dem Haus befindet sich dort eine zweiläufige, 11-stufige Außentreppe mit karniesprofiliertem Sandsteinpodest. Unterhalb des Podestes ist beidseitig eine spitzbogige Öffnung mit steinmetzmäßig bearbeiteten Sandsteingewänden eingefügt, die mit ebenfalls spitzbogigen Brettertüren verschlossen werden können. Rechts und links der Öffnungen dienen kleine Luken zur Belüftung (Abb. 107).

Neben diesen einfachen oder zweiläufigen Außentreppen weist die Rhön auch einläufige Treppen mit Rampen auf. Dabei befindet sich vor der mittigen Eingangstür eine einläufige Treppe mit Podest, das zur noch existierenden oder ehemaligen Stalltür hin in eine Rampe übergeht. Diese Rampen waren ursprünglich mit Buntsandsteinplatten befestigt, wurden jedoch später vielfach mit Zementestrich überzogen.

Abb. 107: Zweiläufige Sandsteintreppe mit „Schlupftürchen"

Abb. 108: Laubenvorbau in Schwärzelbach

Relativ selten findet man in der Rhön laubenartige Vorbauten, wie sie in den östlich an die Rhön angrenzenden Landesteilen zum Schutz vor der Witterung weit verbreitet sind.[78] Lediglich das Haus Schwärzelbach, Neudorfer Straße 28, weist einen laubenartigen Vorbau auf (Abb. 108). Vor diesem eingeschossigen Ernhaus führt eine fünfstufige Treppe zunächst zu einem Zwischenpodest. Nach einer Viertelwendung führen weitere vier Stufen auf das Podest zum Ernbereich. Direkt vor der Haustür befinden sich zwei weitere Stufen. Die Treppen sind mit einem Eisengeländer (einseitiger Handlauf) versehen. Das Geländer des Podestes weist senkrecht gestellte Sandsteinplatten als Geländerfüllung mit einem darüber liegenden Brett als Handlauf auf. Die Laube selbst ist als Dachverlängerung ausgeführt. Sie wird gestützt von drei profilierten Holzständern, die auf den Zwischen- und Hauptpodestvorderkanten aufstehen.

Gelegentlich lassen sich auch überdachte Eingänge vor allem in Ortschaften der östlichen thüringischen Rhön antreffen. Diese entstammen in der Regel jedoch unserem Jahrhundert.

IX. GESTALTUNG DES HOFRAUMES

Das Erscheinungsbild eines landwirtschaftlichen Gehöftes und damit die Silhouette des gesamten Dorfes wurden in früheren Jahrhunderten auch durch die Garten- und Hofeinfriedungen geprägt. Zäune, Abschlußmauern und Hoftore bilden einen wesentlichen Bestandteil der dörflichen Architektur. Im Zuge der Einführung neuer und größerer landwirtschaftlicher Geräte wurden aber vor allem Hoftore in den letzten Jahrzehnten unwiederbringlich beseitigt. Häufig sind nur noch Reste ehemaliger Hofabschlüsse und Einfriedungen vorhanden, anhand derer sich frühere Umfriedungsformen ablesen lassen.

IX.1 Einfriedung der Gärten

Die angebauten Küchen- und Heilkräuter, Gemüse und Obst mußten vor Haus- und Wildtieren durch eine Einfriedung geschützt werden. Insofern diente der dazu angebrachte Zaun eher der Abwehr von Tieren als der Abgrenzung gegenüber dem Nachbarn. [79]

Als die einfachste Art der Einfriedung von Gärten erweist sich der Holzzaun. Dabei werden eine Reihe von Pfosten mit Querlatten verbunden, die in diese eingelassen oder eingeschraubt sind. Daran senkrecht aufgenagelt werden dann Staketen bzw. Latten.
Eine Stakete ist ein vollrundes oder in der Hälfte gespaltenes Fichtenstämmchen, am oberen Ende zugespitzt, an der Unterseite gesägt. Eine Latte dagegen ist so gesägt und gehobelt, daß sie einen rechteckigen Querschnitt und einen spitzen oder abgerundeten oberen Abschluß besitzt. Latten- oder Staketenzäune können als durchgängige Zäune hergestellt sein. Dabei gibt es keine einzelnen Zaunfelder und die Pfosten des Zaunes bleiben unsichtbar, da sie niedriger sind als die Zaunhöhe. Solche einfachen Staketen- oder Lattenzäune waren in der Rhön zu früheren Zeiten wesentlich häufiger als heute anzutreffen. Ältere Photographien, wie zum Beispiel von Seiferts, zeigen viele gegenwärtig nicht mehr existierende Lattenzäune (Abb. 109).

In den gemäßigten und damit auch wirtschaftlich wohlhabenderen Regionen der Rhön wurden die Lattenzäune dagegen häufig mit massiven Sockeln und Pfeilern versehen. Sockel und Pfeiler bestehen entsprechend den jeweils vorhandenen geologischen Verhältnissen aus rötlichem bis gelblichem Buntsandstein und fügen sich insofern – wie die Haussockel – in die umgebende Landschaft ein. Die Pfeiler können dabei kunstvolle Abschlüsse aufweisen, die Querlatten der Zäune sind in diese Massivpfosten eingelassen (Abb. 110).

Obrigkeiten vergangener Jahrhunderte sahen die Latten- und Staketenzäune allerdings nicht gerne, da zu deren Herstellung viel Holz benötigt wurde. Den meisten Herrschern war jedoch in früheren Zeiten an einer Holzeinsparung gelegen, um diesen wichtigen Rohstoff zu schonen. Eine fuldische

Abb. 109: Einfriedung mit Lattenzaun. (historisches Foto)

Abb. 110: Lattenzaun mit Massivpfosten. (historisches Foto)

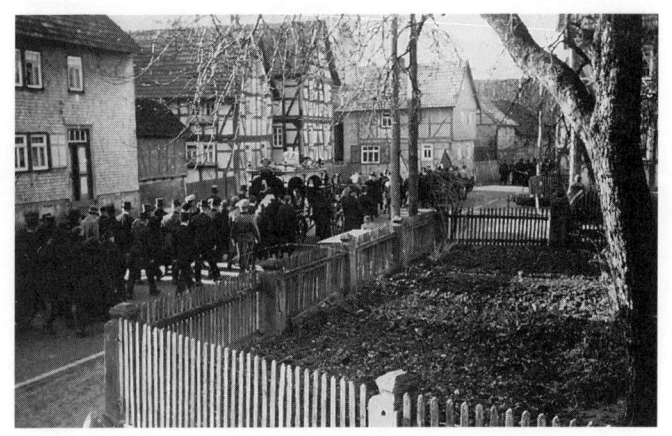

Abb. 111: Sandsteinmauer als Einfriedung

Abb. 112: Eisengitterzaun

IX.2 Hofabschluß

In einigen Regionen der Rhön ist eine Tendenz zum repräsentativen Hofabschluß unverkennbar. Vor allem in den reicheren Dörfern sowie in Straßendörfern sind aufwendige Hoftore und steinerne Abschlußmauern zu finden.

Besonders die Straßendörfer um Bad Neustadt im Saaletal besitzen stattliche Toranlagen aus Holz oder Stein, die nach klösterlichen Vorbildern gestaltet sind. Die Holzrahmentore bestehen dabei aus einfachen Holzpfosten oder aus verputztem Fachwerk und weisen in der Regel ein großes zweiflügeliges Brettertor und eine kleinere Personentür auf. Zudem wurde die Toranlage häufig mit einem kleinen Ziegeldächlein versehen.[81]

In ähnlicher Weise sind die massiven Toranlagen errichtet, die darüber hinaus häufig noch über eine aufwendig gestaltete Personenpforte verfügen, deren steinmetzmäßig bearbeitete Sandsteingewände einen Rund- bzw. Spitzbogenabschluß besitzen. Die Sandsteingewände sind dabei zum Teil gefast. Typisch für diese Toranlagen ist weiterhin, daß sich über den Pforten Nischen für eine Heiligenfigur befinden können[82] (Abb. 113).

Auch in anderen Orten der Rhön treten aufwendige Hofabschlüsse auf. Diese bestehen jedoch zumeist nur aus einem halbhohen, zweiflügeligen Tor, einer ebenso hohen Personentür und etwas längeren Torpfosten. Diese sind dabei häufig mit klassizistischen Stilelementen, wie Pyramiden- und Kugelabschlüssen, verziert. Tor- und Türflügel können sowohl aus Holz als auch aus Schmiedeeisen gearbeitet sein.

Verordnung von 1787 schrieb in § 7 beispielsweise vor: „Zu Plankenzäunen und Staketen soll kein Holz abgegeben werden. Stattdessen sollen lebende Zäune oder, wo Steine vorhanden sind, Mauern aufgeführt werden".[80]

Diese Verordnung konnte sich jedoch kaum durchsetzen. Nur gelegentlich findet man heute in der Rhön Einfriedungen mit Steinmauern, die sowohl einen runden als auch einen geraden oberen Abschluß aufweisen können (Abb. 111).

Neben den Holzzäunen und Massiveinfriedungen treten in der Rhön auch zahlreiche Eisengitterzäune in Erscheinung. Vor allem in Mittelaschenbach findet man noch heute schöne Beispiele von schmiedeeisernen Zäunen (Abb. 112).

Abb. 113: Toranlage in Brendlorenzen

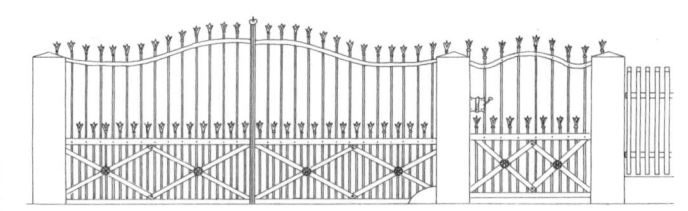

Abb. 114: Eisengittertor in Schleid

Abb. 115: Holztor mit Holzpfosten in Motzlar

Insbesondere im thüringischen Schleid sind noch solche schmiedeeiserne Hoftore zu finden. Das nachfolgend dargestellte Beispiel aus dem späten 19. Jahrhundert weist massive Torpfosten mit Pyramidenabschlüssen auf. Das zweiflügelige Hoftor und die Personentür bestehen aus Eisengitterstäben, die an ihrem oberen Ende geschmiedete Lanzen besitzen (Abb. 114).

Holz- und Eisengittertore mit klassizistisch gestalteten Sandsteinpfosten zieren vor allem reichere bäuerliche Anwesen. Weniger wohlhabende Bauern begnügten sich dagegen eher mit Torpfosten aus pyramidenartig zugespitztem Eichenholz. Die zugehörigen Holztore waren zum Teil ebenfalls handwerklich gestaltet. Die Bretter eines Tores in Motzlar zum Beispiel sind stabartig so zusammengefügt, daß sich insgesamt ein Rautenmuster ergibt (Abb. 115 + 116).

IX.3 Hofraum

Der Hofraum war in früheren Zeiten und ist in der Rhön noch heute vielfach unbefestigt. Zumeist verläuft lediglich ein schmaler Steg aus Sandsteinplatten direkt vor dem Haupthaus, während der übrige Hofraum mit Schotter belegt ist. Je nach vorherrschendem Gestein in der Siedlungsgemarkung konnte dies Sandstein-, Kalk- oder Basaltschotter sein.

In den reicheren Regionen sind aber auch umfassend befestigte Hofräume anzutreffen. Hierzu verwendete man meist Sandstein- oder Basaltwildpflaster, wobei die Steine nur grob und ungleichmäßig bearbeitet wurden. Nur selten tritt das auf einer Seite glatt bearbeitete Kopfsteinpflaster aus Basalt auf, da dies die teuerste Art der Hofbefestigung darstellte.

Abb. 116: Holztor in Motzlar (Aufmaß)

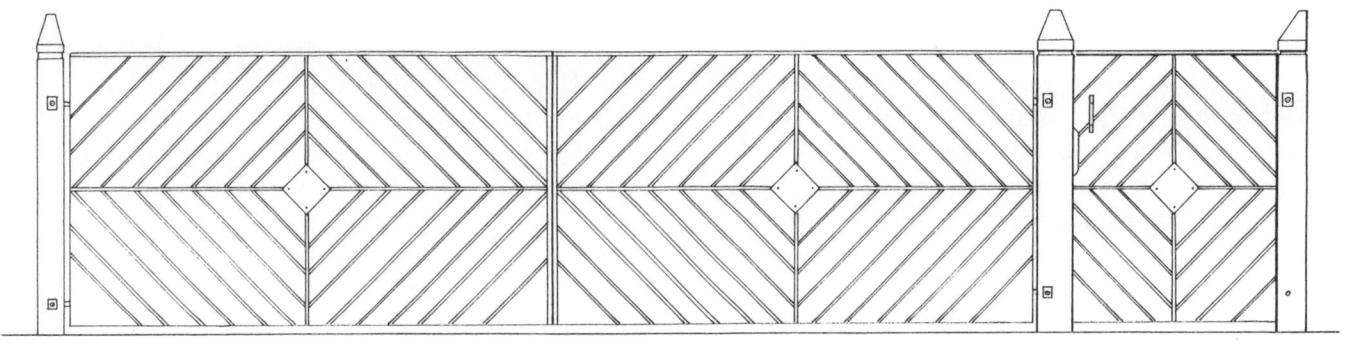

X. GEBÄUDE DER DÖRFLICHEN GEMEINSCHAFT

Eine Untersuchung der ländlichen Bauweisen hat auch die besonderen Formen der verschiedenen dörflichen Gemeinschaftsbauten, die einer kollektiven Nutzung dienen, zu berücksichtigen. Neben der Kirche sind dies vor allem die Schul-, Gast- und Gemeindebackhäuser. Mit diesen Örtlichkeiten verknüpfen sich wesentliche Aspekte sowohl der individuellen Entwicklung eines jeden Dorfmitgliedes als auch des dörflichen Gemeinschaftslebens insgesamt. Deshalb stellen Schulen, Gast- und Gemeindebackhäuser einen prägnanten Ausdruck der dörflichen Identität dar.

Die Bedeutung dieser Gebäude liegt von daher meist weniger in ihrem bauhistorischen Wert als vielmehr in ihrer Funktion für den dörflichen Lebensraum. Gleichzeitig läßt sich anhand archivalischer Belege zu diesen Gebäuden die Beeinflussung der dörflichen Lebensweisen durch die geistlichen und weltlichen Herrschaften in früheren Jahrhunderten nachvollziehen.

X.1 Schulhäuser

Schulen bzw. Schulbetrieb gab es in der Rhön vermutlich schon seit dem 16. Jahrhundert. Ab der ersten Hälfte des 17. Jahrhunderts treten vermehrt schriftliche Quellen auf, die Hinweise auf die Existenz von Schulen in verschiedenen Orten der Rhön geben. Ein Schriftstück aus dem Jahre 1633, das die Gerechtigkeiten des ehemals fuldischen Uttrichshausen beschreibt, verweist ausdrücklich auf einen bereits länger bestehenden Schulbetrieb in diesem Dorf.[83] Auch für den heute thüringischen Ort Klings ist bereits für das Jahr 1659 eine Schule urkundlich bezeugt.[84]

Bei diesen Schulen handelte es sich meist um kirchliche Einrichtungen, die Lehrer unterstanden dem jeweiligen Geistlichen und dessen Vorgesetzten. Ihre Besoldung erfolgte hauptsächlich von seiten der Kirche, wozu die Gemeinden und die ortsansässigen Herrschaften einen Anteil beizutragen hatten. Allerdings war die Entlohnung oft so geringfügig, daß die meisten Schullehrer sich gezwungen sahen, nebenher noch Landwirtschaft oder ein Handwerk zu betreiben.

Eigens errichtete Schulgebäude lassen sich bereits für das 17. und 18. Jahrhundert nachweisen: Das alte Schulhaus des bayerischen Unterelsbach stammt in seinem Kern aus dem Jahre 1618.[85] In Uttrichshausen wird ein Schulgebäude erstmals anläßlich eines Großbrandes im Jahre 1723 erwähnt.[86] 1727 begann man in Batten mit dem Bau einer neuen Kirche, eines Pfarrhauses und eines Schulgebäudes.[87] Das Schulhaus in Neuswarts wurde im Jahre 1740 erstellt[88], und in Hofbieber richtete man vermutlich um das Jahr 1780 eine Schule ein.[89] Allerdings ist anzunehmen, daß nicht in jedem Bedarfsfalle eigens ein neues Schulgebäude erbaut wurde, sondern auch anderweitig leerstehende Räumlichkeiten gelegentlich zu entsprechenden Zwecken Nutzung fanden.

Mit Beginn des 19. Jahrhunderts zeichnete sich hier jedoch eine markante Veränderung ab. Schulbetrieb und -gebäude rückten verstärkt in den Blickpunkt der staatlichen Verwaltung. Das im späten 18. Jahrhundert einsetzende Bevölkerungswachstum führte dazu, daß viele bestehende Schulen nun zu klein wurden. Die zunehmende Beengtheit in den Schulräumen begünstigte angeblich häufig eine epidemische Ausbreitung ansteckender Krankheiten, so daß sich die Obrigkeit zum Einschreiten aufgefordert fühlte. So ging die kurhessische Regierung in Kassel, die seit 1816 die Herrschaft über das ehemalige Bistum Fulda innehatte, beispielsweise dazu über, exakte Richtlinien für Schulgebäude und -räume aufzustellen.

Am 6. April 1839 wurde in einem Regulativ (Abb. 117), die Einrichtung der Schulhäuser und besonders der Lehrzimmer betreffend, folgendes festgeschrieben: „Die Größe des Lehrzimmers richtet sich nach der Schülerzahl, zu deren Aufnahme es bestimmt ist, dann nach dem etwa denkbaren Zuwachs derselben, endlich nach dem Umstande, ob in demselben nur Knaben oder nur Mädchen oder Schulkinder der Elementarklasse, der Mittelklasse, der Oberklasse oder Kinder von allen Altersstufen unterrichtet werden sollen. Im allgemeinen muß man auf jedes Schulkind mindestens 6 Quadratfuß Raum rechnen, einschließlich des Raums für den Ofen, für die Gänge, für die Schulutensilien und

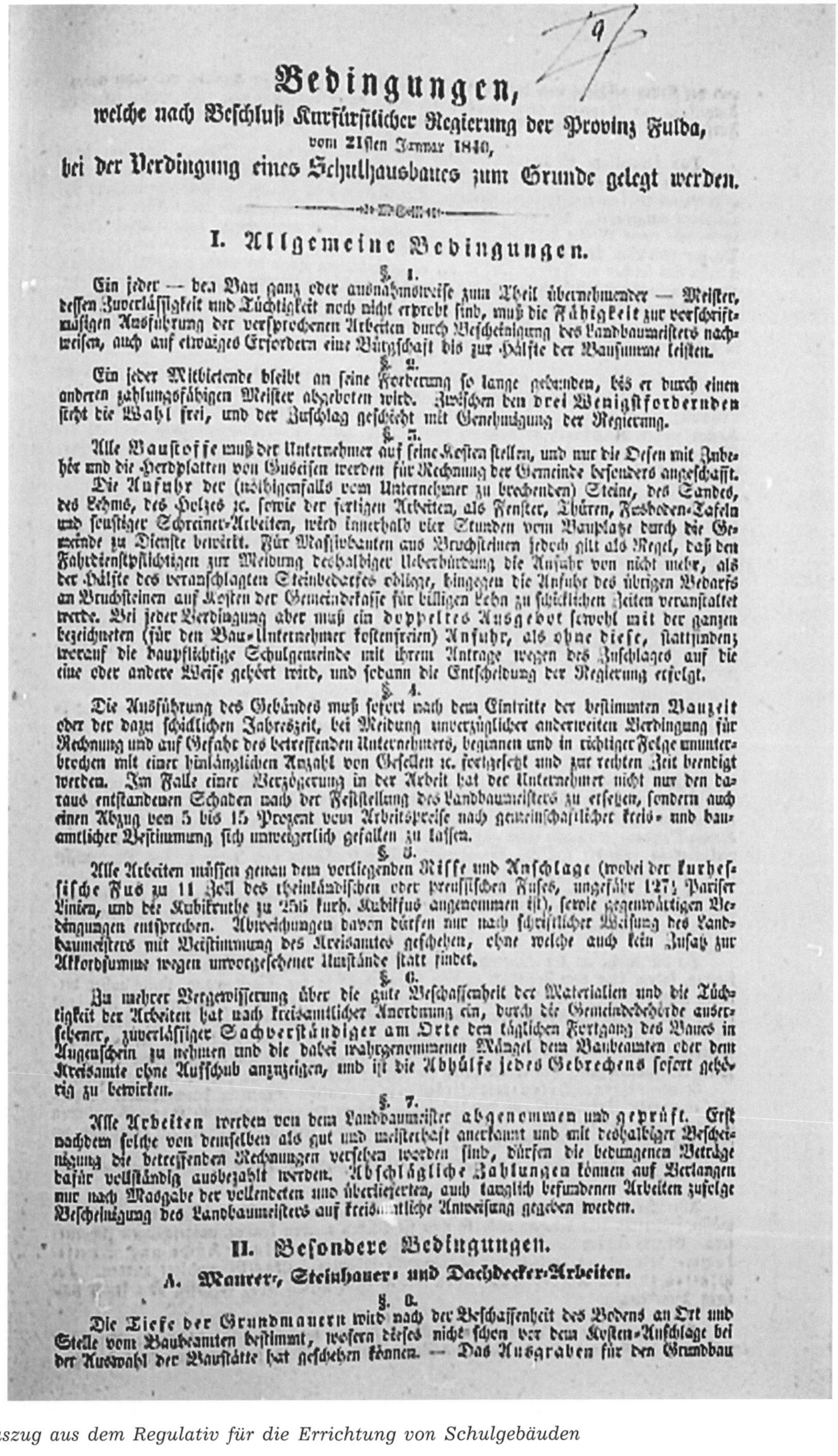

Bedingungen,

welche nach Beschluß Kurfürstlicher Regierung der Provinz Fulda,
vom 21sten Januar 1840,
bei der Verdingung eines Schulhausbaues zum Grunde gelegt werden.

I. Allgemeine Bedingungen.

§. 1.

Ein jeder — den Bau ganz oder ausnahmsweise zum Theil übernehmender — Meister, dessen Zuverlässigkeit und Tüchtigkeit noch nicht erprobt sind, muß die Fähigkeit zur verschriftmäßigen Ausführung der versprochenen Arbeiten durch Bescheinigung des Landbaumeisters nachweisen, auch auf etwaiges Erfordern eine Bürgschaft bis zur Hälfte der Bausumme leisten.

§. 2.

Ein jeder Mitbietende bleibt an seine Forderung so lange gebunden, bis er durch einen anderen zahlungsfähigen Meister abgeboten wird. Zwischen den drei Wenigstfordernden steht die Wahl frei, und der Zuschlag geschieht mit Genehmigung der Regierung.

§. 3.

Alle Baustoffe muß der Unternehmer auf seine Kosten stellen, und nur die Oefen mit Zubehör und die Herdplatten von Gußeisen werden für Rechnung der Gemeinde besonders angeschafft. Die Anfuhr der (nöthigenfalls vom Unternehmer zu brechenden) Steine, des Sandes, des Lehms, des Holzes 2c. sowie der fertigen Arbeiten, als Fenster, Thüren, Fußboden-Tafeln und sonstiger Schreiner-Arbeiten, wird innerhalb vier Stunden vom Bauplatze durch die Gemeinde zu Diensten bewirkt. Für Massivbauten aus Bruchsteinen jedoch gilt als Regel, daß den Fahrdienstpflichtigen zur Meidung deshalbiger Ueberbürdung die Anfuhr von nicht mehr, als der Hälfte des veranschlagten Steinbedarfes obliege, hingegen die Anfuhr des übrigen Bedarfs an Bruchsteinen auf Kosten der Gemeindekasse für billigen Lohn zu schicklichen Zeiten veranstaltet werde. Bei jeder Verdingung aber muß ein doppeltes Ausgebot sowohl mit der ganzen bezeichneten (für den Bau-Unternehmer kostenfreien) Anfuhr, als ohne diese, stattfinden, worauf die baupflichtige Schulgemeinde mit ihrem Antrage wegen des Zuschlages auf die eine oder andere Weise gehört wird, und sodann die Entscheidung der Regierung erfolgt.

§. 4.

Die Ausführung des Gebäudes muß sofort nach dem Eintritte der bestimmten Bauzeit oder der dazu schicklichen Jahreszeit, bei Meidung unverzüglicher anderweiten Verdingung für Rechnung und auf Gefahr des betreffenden Unternehmers, begonnen und in richtiger Folge ununterbrochen mit einer hinlänglichen Anzahl von Gesellen 2c. fortgesetzt und zur rechten Zeit beendigt werden. Im Falle einer Verzögerung in der Arbeit hat der Unternehmer nicht nur den daraus entstandenen Schaden nach der Feststellung des Landbaumeisters zu ersetzen, sondern auch einen Abzug von 5 bis 15 Prozent vom Arbeitspreise nach gemeinschaftlicher Kreis- und bauamtlicher Bestimmung sich unweigerlich gefallen zu lassen.

§. 5.

Alle Arbeiten müssen genau dem vorliegenden Risse und Anschlage (wobei der kurhessische Fuß zu 11 Zoll des rheinländischen oder preußischen Fußes, ungefähr 127¼ Pariser Linien, und die Kubikruthe zu 216 kurh. Kubikfuß angenommen ist), sowie gegenwärtigen Bedingungen entsprechen. Abweichungen davon dürfen nur nach schriftlicher Weisung des Landbaumeisters mit Beistimmung des Kreisamtes geschehen, ohne welche auch kein Zusatz zur Akkordsumme wegen unvorgesehener Umstände statt findet.

§. 6.

Zu mehrer Vergewisserung über die gute Beschaffenheit der Materialien und die Tüchtigkeit der Arbeiten hat nach kreisamtlicher Anordnung ein, durch die Gemeindebehörde auszusehender, zuverlässiger Sachverständiger am Orte den täglichen Fortgang des Baues in Augenschein zu nehmen und die dabei wahrgenommenen Mängel dem Baubeamten oder dem Kreisamte ohne Aufschub anzuzeigen, und ist die Abhülfe jedes Gebrechens sofort gehörig zu bewirken.

§. 7.

Alle Arbeiten werden von dem Landbaumeister abgenommen und geprüft. Erst nachdem solche von demselben als gut und meisterhaft anerkannt und mit deshalbiger Bescheinigung die betreffenden Rechnungen versehen worden sind, dürfen die bedingten Beträge dafür vollständig ausbezahlt werden. Abschlägliche Zahlungen können auf Verlangen nur nach Maßgabe der vollendeten und überlieferten, auch tauglich befundenen Arbeiten zufolge Bescheinigung des Landbaumeisters auf kreisamtliche Anweisung gegeben werden.

II. Besondere Bedingungen.

A. Maurer-, Steinhauer- und Dachdecker-Arbeiten.

§. 8.

Die Tiefe der Grundmauern wird nach der Beschaffenheit des Bodens an Ort und Stelle vom Baubeamten bestimmt, wofern dieses nicht schon vor dem Kosten-Anschlage bei der Auswahl der Baustätte hat geschehen können. — Das Ausgraben für den Grundbau

Abb. 117: Auszug aus dem Regulativ für die Errichtung von Schulgebäuden

für den Sitz des Lehrers." Bei der Berechnung der Größe eines geplanten Schulzimmers war also auch Rücksicht auf die „steigende Population" zu nehmen. Weiterhin wurde für ein Lehrzimmer von 200–300 Quadratfuß Größe eine lichte Höhe von wenigstens 10 Fuß gefordert, für ein Lehrzimmer von mehr als 300 Quadratfuß eine Höhe von wenigstens 11–12 Fuß. Sogar die Bauart der Abtritte fand sich bis ins Detail geregelt. Jeder Abtritt sollte zum Beispiel mit einem Fenster ausgestattet werden, „welches sich öffnen und verschließen läßt, aber in einer solchen Höhe von der Erde aus zu versehen, daß von außen nicht hineingesehen werden" konnte.[90]

Auch die zentrale Regierung in Berlin legte nach der Reichsgründung 1870/71 sehr viel Wert auf die bauliche Gestaltung der Schulen und Lehrräume, wobei sie von einem durchschnittlich benötigten Mindestraum von 0,6 qm pro Kind ausging. Die Ausrichtung der Fenster sollte dabei möglichst nach Süden oder Osten erfolgen, um genügend Helligkeit in den Zimmern zu gewährleisten.[91]

Da nicht alle Schulgebäude in der Rhön diesen Vorgaben entsprachen und zudem die Bevölkerung noch immer anwuchs, schien die Errichtung weiterer Schulneubauten erforderlich. So erhielten die bayerischen Orte Sondheim und Stetten beide im Jahre 1849 jeweils ein neues Schulhaus.[92] In Langenbieber wurde 1840 ein älteres gestelztes Wohnstallhaus zur Schule umgebaut, um Geld zu sparen.[93] Dieses Gebäude mußte jedoch bereits 1904 wieder durch einen Neubau ersetzt werden.[94]

Häufiger noch als die Neuerrichtung von Schulbauten fand im 19. und zu Beginn des 20. Jahrhunderts die Ausführung von Renovierungsarbeiten an bestehenden Schulhäusern statt. Berichte über das Schulwesen ergeben, daß sich viele Schulgebäude im 19. Jahrhundert in einem sehr mangelhaften Zustand befanden. Neben der Enge der Schulräume gaben oft bauliche Schäden Anlaß zur Klage. Um diese älteren Schulhäuser den damals zeitgemäßen Anforderungen anzupassen, waren zum Teil erhebliche Mühen und Kosten erforderlich. Ein Beispiel dafür bietet der Umbau des Schulhauses in Hofbieber[95]:

Ursprünglich wurde das Gebäude, das heute noch neben der Kirche im Ortszentrum steht (Abb. 118), um 1780 als Einhaus errichtet, d.h. Wohnung, Schulraum, Stall und Scheune befanden sich hier

Abb. 118: Schulgebäude in Hofbieber

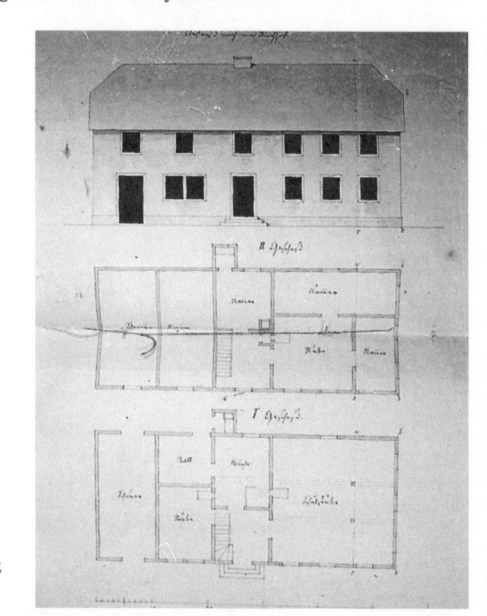

Abb. 119: Schulgebäude vor dem Umbau in Hofbieber

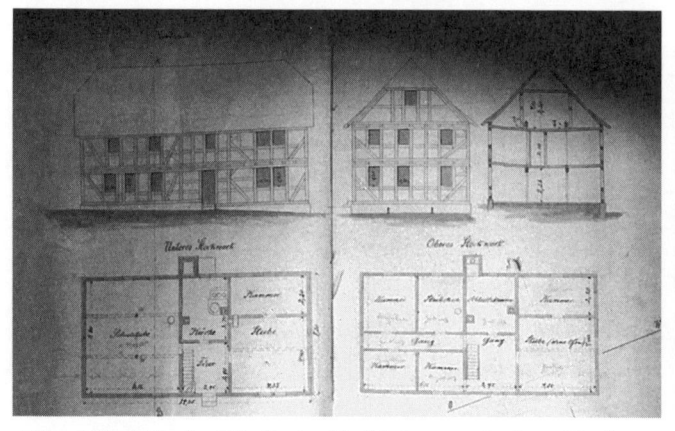

Abb. 120: Schulgebäude in Hofbieber nach dem Umbau

unter einem Dach. Die Schulstube war im westlichen Gebäudeteil untergebracht, wo um 1824 in zwei Klassen jeweils 92 Schüler unterrichtet wurden (Abb. 119). Diese hohe Schülerzahl führte zu einer großen Beengtheit im Klassenraum. Um hier mehr Platz zu schaffen, plante man zunächst, den

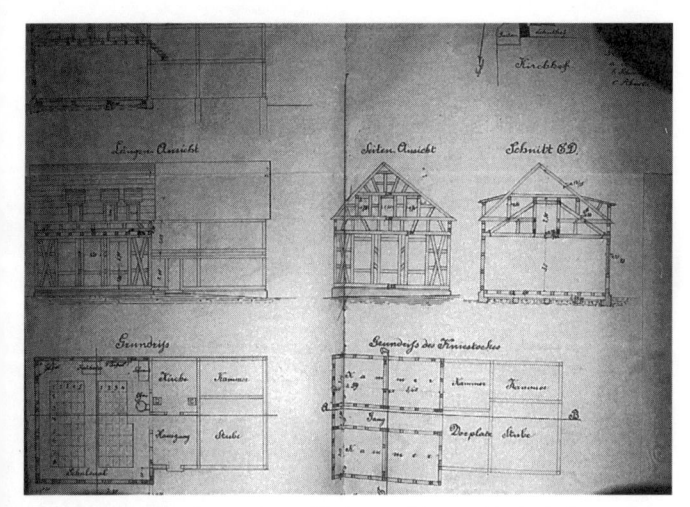

Abb. 121: Planung eines Kniestockbauteils bei der Schule in Hofbieber

Schulraum durch einen Anbau an das Gebäude zu erweitern. Dagegen sprach sich aber ein anderer Entwurf aus, der vorsah, Stall und Scheune aus dem Gebäude zu entfernen und an deren Stelle ein Schulzimmer einzurichten. Der bestehende Schulraum sollte dann zur Lehrerwohnung umfunktioniert werden (Abb. 120). Da die Ausführung des zweiten Planes kostengünstiger als ein Erweiterungsbau erschien, wurde diesem 1828 schließlich zugestimmt. Daraufhin erfolgten die Umbauarbeiten, wobei man auch die Fenster des Erdgeschosses erneuerte. Gegen Ende des 19. Jahrhunderts stellte sich jedoch heraus, daß sich dieser Umbau negativ auf die Bausubstanz auswirkte: Die Herausnahme der Trennungswände im EG hatte zur Folge, daß sich der Deckenbalken, auf dem die ganze Last des Obergeschosses nun ruhte, um ca. 16 cm senkte. Dies wurde zunächst durch eine Hilfskonstruktion abgefangen. Dennoch faßte man – auch unter Berücksichtigung der gestiegenen Schülerzahl – einen gänzlichen Neubau ins Auge. Um hierbei Geld zu sparen, schlug die Gemeinde vor, nur den Schulsaal zu erneuern. Dazu sollte die östliche zweistöckige Zone des Hauses durch eine Kniestockkonstruktion ersetzt werden, um bei dieser Gelegenheit den Raum auch in der Höhe auszudehnen (Abb. 121). Die Behörden lehnten jedoch ab und bestanden auf einem Schulhausneubau. Dieser wurde in unmittelbarer Nähe des alten Schulhauses und des Kircheneingangs errichtet. Das um 1900 fertiggestellte Gebäude existiert heute jedoch nicht mehr.

Auch das Schulhaus in Neuswarts wurde zu Beginn des 20. Jahrhunderts umfangreichen Renovierungsarbeiten unterzogen. Das um 1740 erbaute Gebäude befand sich im Jahre 1926 in einem sehr desolaten Zustand. Um weiteren Schäden vorzubeugen, waren die Neueindeckung des Daches und eine neue Verschindelung der Nordwand dringend erforderlich, was trotz erheblichen Kostenaufwandes durchgeführt wurde.[96]

X.2 Gasthäuser

Der Betrieb von Gasthäusern unterstand in früheren Jahrhunderten nicht der freien Erwägung des Besitzers. Das Recht auf Einrichtung, Führung und Verleihung von Schankstätten, auch Schenk- oder Zapfengerechtigkeit genannt, wurde vielmehr von den jeweiligen Obrigkeiten vergeben. In diesen öffentlichen Räumlichkeiten hatten die Untertanen sodann ihre Tauf-, Heirats- oder Begräbnisfeiern sowie erbliche Übergaben und Geschäftsabschlüsse abzuhalten. Dies brachte der Herrschaft jeweils eine gute Einnahme.[97]

Zunächst unterschieden sich die Gasthäuser in ihrer Bauart kaum von anderen Wohnhäusern. Je nach Region konnten drei- oder mehrzonige Ernhäuser, vertikale Wohnstallhäuser oder andere Haustypen Gaststuben beherbergen. Häufig deuten nur noch mündliche Überlieferungen auf eine frühere Nutzung als Gasthaus hin. Einer derartigen Mitteilung zufolge soll etwa das gegen Ende des 17. Jahrhunderts errichtete Haus Schloßstraße 12 in Schackau als Gastwirtschaft gedient haben (vgl. Abb. im Katalog). Über dem im Jahre 1924 erneuerten Stall befand sich angeblich ehemals ein großer Saal. Ebenfalls mündlich tradiert ist, daß im bereits mehrfach beschriebenen Wohnstallhaus Eichenrieder Straße 1 in Oberkalbach einst eine Gastwirtschaft betrieben wurde, dessen Wirt man nach einem hier geschehenen Mordfall jedoch die Konzession entzogen und dem heutigen Gasthaus („Zum Adler") übertragen habe.

Schriftlich belegt ist dagegen die Gründung des Gasthauses im heute bayerischen Neuwirtshaus, welche der Ortschaft den Namen verlieh. Mit Konzession der fürstlich-fuldischen Regierung richtete hier im Jahre 1719 eine Wirtin aus Schwärzelbach eine Schank- und Beherbergungsstätte für Reisende ein, die auf der ca. 15 km langen Strecke von Oberleichtersbach nach Obererthal ansonsten kein Gasthaus vorfanden. Ursprünglich wurde das Gebäude vermutlich als ein-

Abb. 122: Gasthaus in Neuwirtshaus

Abb. 123: Gasthaus in Dipperz

faches Fachwerkhaus errichtet. Anläßlich einer Umbaumaßnahme um das Jahr 1800 erhielt es dann seine heutige nahezu quadratische Form sowie ein Mansarddach (Abb. 122).

Auch ehemalige Amts-, Adels- oder Vogteihäuser dienten oft einer gastgewerblichen Nutzung. So wurde im früheren Amtshaus von Weyhers das alte Gasthaus „Zum bayerischen Hof" eingerichtet.[98] Es steht nördlich des Burggeländes im ehemaligen Vorhof, der durch eine Zugbrücke mit der Burg verbunden war. Der zweigeschossige, verputzte Fachwerkbau mit Krüppelwalmdach, Zwerchhaus an der Nordseite und Kellergewölbe wurde um 1600 von den Herren von Merlau errichtet. Auch das heutige Gasthaus „Zur Krone" in Dipperz fungierte in vorherigen Zeiten als Adelssitz[99] (Abb. 123). In Wüstensachsen schließlich eröffnete ein Konrad Knips im Jahre 1808 eine Gaststätte im ehemaligen Vogteigebäude.[100]

Wie schon im Exkurs über Historismusgebäude ausgeführt, wurden dann vor allem zu Beginn des 20. Jahrhunderts vielerorts neue stattliche Gasthäuser in diesem Architekturstil errichtet. Sie hoben sich damit in ihrer Bauart deutlich von den bisherigen Wohn- und Gasthäusern ab. Bereits Erwähnung fand das im historistischen Stil erbaute Gasthaus „Zum Rosenbachschen Löwen" in Eckweisbach, das an die Stelle einer älteren adligen Amtswirtschaft trat.

X.3 Gemeindebackhäuser

Als eine weitere zentrale Stätte des dörflichen Gemeinschaftslebens darf der Gemeindebackofen gelten. Wie berichtet, gehörte das Brotbacken in früheren Jahrhunderten mit zu den wesentlichen Aufgaben eines jeden Haushaltes. Aus diesem Grunde besaßen die bäuerlichen Anwesen meist neben dem Küchenherd einen zusätzlichen Backofen. Dieser konnte an das Wohnhaus angebaut oder in dieses integriert sein, vielfach aber auch separat stehen.

Schon frühzeitig ging man dann im mitteldeutschen Raum und damit auch im Gebiet der Rhön dazu über, Gemeindebackhäuser einzurichten, was von der jeweiligen Grund- oder Territorialherrschaft wesentlich gefördert wurde. Überlieferte Urkunden von 1349 weisen für bestimmte Regionen Thüringens nach, daß dort Grundherren größere Backöfen bauen ließen und die hörigen Bauern dazu zwangen, nur in diesen gegen die Leistung von Abgaben zu backen. Vom 18. Jahrhundert an gingen dann manche dieser „Zwangsbacköfen" in den Besitz der Gemeinden über.[101]

Im Gebiet der Rhön wurde die Einführung von Gemeindebackhäusern durch die ansässigen Territorialherrschaften vor allem seit dem 18. Jahrhundert maßgeblich angestrebt. Am 22. Mai 1733 und am 6. November 1736 erließ die Abtei Fulda unter Adolf von Dalberg Verordnungen, nach denen in den Dörfern je nach deren Größe ein oder mehrere öffentliche Backöfen zu errichten waren.[102] Ebenso empfahl im Bistum Würzburg ein Erlaß

Abb. 124: Backhaus in Kothen, Am Weiher

Abb. 125: Gemeindebackhaus in Dermbach, davor Brunnen

des Fürstbischofs Franz Ludwig von Ertal die Einführung von Gemeindebackhäusern.[103] Im Jahre 1823 schärfte die Regierung in Meinigen den Untertanen von neuem ein, daß alle privaten Backöfen auf dem Lande abgeschafft und in jedem Dorfe, das über fünf Häuser besitzt, umgehend ein Gemeindebackofen eingerichtet werden sollen.[104] Auch die Kurhessische Verwaltung, die die Nachfolge des geistlichen Fürstentums Fulda antrat, verfolgte mit Nachdruck die Anlegung von Gemeindebackhäusern. Im Jahre 1823 mußten sogar alle noch existierenden Privatbacköfen verschlossen und die Schlüssel bei den Polizeibehörden abgegeben werden.[105]

Insbesondere unter diesem behördlichen Druck entstanden in der Rhön zahlreiche Gemeindebackhäuser, die vielerorts noch heute anzutreffen sind. Häufig stehen sie an zentralen Plätzen (zum Beispiel neben der Kirche), aber auch an Bachläufen oder ehemaligen Feuerlöschteichen, um hier bei Entstehung eines Brandes schnell Abhilfe schaffen zu können. In der Regel handelt es sich um kleine, rechteckige Gebäude mit Satteldach, die giebelseitig erschlossen werden. Im Inneren des Backhauses befinden sich der gemauerte Ofen sowie ein Arbeitsraum. Die Wände von älteren Backhäusern bestehen im Bereich des Arbeitsraumes häufig aus Fachwerk und sind im Bereich des Ofens massiv aufgeführt. Aber auch Backhäuser, die gänzlich aus Werksteinen errichtet wurden, sind zahlreich vorhanden. Gegen Ende des 19. oder Anfang des 20. Jahrhunderts erbaute Gemeindebackhäuser weisen häufig Backsteinwände auf (Abb. 124–127).

Etliche dieser Backöfen sind aber auch in Verbindung mit anderweitigen Gemeindebauten anzutreffen – entweder als Anbau oder in diese integriert. Besonders in der bayerischen Rhön finden sich solche Kombinationen, wie zum Beispiel in Sondheim, wo das Gemeindebackhaus mit der Getreidemühle kombiniert war.[106]

Ein besonders auffallendes Gemeindebackhaus steht in der Bachstraße 6 im thüringischen Kaltensundheim. Das Gebäude wurde im Jahre 1704 als eingeschossiger Fachwerkbau mit weit vorragendem Giebel errichtet. Das giebelseitig erschlossene Gebäude weist reichen Fachwerkschmuck, wie doppelte Kopf- und Fußstreben und Fächerrosetten, auf. Die Treppe ist mit Sitzsteinen, die Tür mit Holzsäulen eingerahmt. Heute dient das Gebäude als Sitz des Rates der Gemeinde (Abb. 128).

Der Backvorgang im Gemeindebackhaus war in früheren Zeiten streng geregelt.[107] Meist bestimmte

Abb. 126: Gemeindebackhaus in Oberleichtersbach

Abb. 127: Gemeindebackhaus in Wüstensachsen

Abb. 128: Gemeindebackhaus in Kaltensundheim

das Losverfahren die Reihenfolge der Backwilligen. Dazu mußten sich all jene, die zu backen wünschten, zu einem bestimmten Zeitpunkt beim Ortsvorsteher oder Gemeindediener einfinden und eine Losnummer ziehen. Die Losnummer 1 war dabei sehr unbeliebt, da der Betroffene sehr früh aufstehen und den Backofen einheizen mußte.

Das Backen im Backhaus war teilweise bis in die 1950er Jahre noch weit verbreitet. Erst dann lösten gewerbliche Bäckereien diesen Backbetrieb überwiegend ab, und viele Backhäuser wurden damit dem Verfall anheimgegeben und schließlich abgerissen. Allerdings erleben einige Gemeindebackhäuser in den letzten Jahren eine Renaissance, indem sie saniert und in ihnen regelrechte Backhausfeste veranstaltet werden.

Insgesamt zeigt die Betrachtung der Gemeindebauten, daß auch heutzutage eher unscheinbare Gebäude eine reichhaltige und wechselvolle Geschichte aufweisen können, die für die historische Identität des jeweiligen Ortes von großer Bedeutung ist.

XI. DÖRFLICHE AUSSENANLAGEN

Zur Abrundung des Bildes über die Rhöner Siedlungen soll schließlich die Gestaltung der dörflichen Außenanlagen betrachtet werden. Dazu zählen insbesondere die Straßen, Plätze, Brunnen und Brücken. Auch bei diesen Anlagen sind, wie bei den Gebäuden der dörflichen Gemeinschaft, die historischen Umstände ihrer Entstehung und ihre Funktion mitzuberücksichtigen.

XI.1 Straßen

Der Charakter einer Dorfstraße wird maßgeblich geprägt durch ihren Verlauf sowie die Art ihres Belages:
Die Straßenführungen sind entsprechend den unterschiedlichen Siedlungstypen in der Rhön sehr vielfältig. So gibt es gerade angelegte Straßen in den Straßendörfern und planmäßigen Siedlungen ebenso wie völlig zufällige Straßenführungen in den unregelmäßigen Haufendörfern. Vor allem in den reicheren Orten des Rhönvorlandes und des Saaletales sind die Straßen gleichmäßig von häufig leicht versetzten Gehöften eingerahmt. In den meisten Orten der Rhön herrscht jedoch eher eine lockere Randbebauung mit zum Teil unterschiedlichen Giebelstellungen der Häuser vor.

Die Wege in den Ortschaften waren bis ins 19. Jahrhundert gewöhnlich unbefestigt. Erst im Zuge einer intensiven staatlichen Wirtschaftsförderung im 19. Jahrhundert wurden die Straßen ausgebaut. Zunächst erfolgte lediglich eine Pflasterung der wesentlichen Verkehrswege, später dann eine Befestigung auch der abgelegeneren Straßen[108] (Abb. 129 + 130).

Zum Straßenbau wurden zunächst alle Bewohner des jeweiligen Ortes herangezogen. Die rechtliche Grundlage dafür boten die zu leistenden Hand- und Spanndienste. Spanndienst bedeutete, daß die Besitzer von Zugpferden oder -ochsen zum Transport der Pflastersteine verpflichtet wurden. Die zu leistende Arbeit wurde nach der Zahl der Zugtiere des jeweiligen Bauern bestimmt. Handpflichtige, die keine Zugtiere besaßen, mußten eine gewisse Anzahl Tage im Jahr Landwegebauarbeiten leisten. Das von den Ortsbewohnern dabei zu erbringende Kontingent wurde jedes Jahr von der Obrigkeit festgelegt. So mußte die Gemeinde Langenbieber im Jahr 1849 zum Beispiel 380 „Kubikhaufen" (=Kubikmeter) Pflastersteine zum Straßenbau heranschaffen.

Die insbesondere seit 1830 stattgefundene Forcierung des Straßenbaus und die zum Teil sehr kurz gesetzten Fristen zur Steinanfuhr stießen bei vielen Bewohnern der Rhön auf Widerstand. In den archivalischen Quellen finden sich zahlreiche Beschwerdebriefe von Bürgern und örtlichen Beamten. Viele beklagten, daß die Hand- und Spanndienste auch während der Heuernte oder bei schlechter Witterung gemacht werden müßten. In Langenbieber weigerten sich etwa die Ortsbewohner im Jahre 1832 zur Arbeit zu erscheinen. Der Ortsschultheiß berichtete, daß die Gemeinde beim Straßenbau derart „widerspenstig" sei und er sich

Abb. 129: Wegpflasterung in Sünna. (historisches Foto)

Abb. 130: Wegpflasterung in Sünna. (historisches Foto)

nicht mehr zu helfen wüßte. In Margretenhaun wurden die „Arbeitsunwilligen" mit Geldstrafen bedroht, bis sie ihr Kontingent erfüllten.[109]

Infolge der hohen Belastungen für die Dorfbewohner gingen einige Gemeinden Ende des 19. Jahrhunderts dazu über, in ihren Dorfstatuten andere Regelungen bezüglich des Straßenbaues festzulegen. Danach sollten die Leistungen der Hand- und Spanndienste durch Ausschreibungen der Gemeinden an Arbeiter vergeben werden. Die Kosten dafür deckten die Gemeindekassen.[110]

Zum Straßenbau wurden zunächst meist Buntsandsteine verwendet, da diese leicht zugänglich und verfügbar waren. Sie erwiesen sich jedoch bald als nicht sehr haltbar. Deshalb achteten die Straßenbaumeister und Wegewärter vor allem seit den 1840er Jahren darauf, daß Kalk- oder Basaltsteine verwendet wurden. Dies konnte sich aber nicht in jedem Falle durchsetzen, da in den jeweiligen Gemeinden nicht immer die entsprechend notwendigen Rohstoffressourcen vorhanden waren.

XI.2 Dorfplätze

Zahlreiche Orte der Rhön weisen häufig sehr alte Dorfplätze oder Anger mit Mittelpunktcharakter auf. Vielfach sind diese etwas erhöht angelegt, mit einer Linde oder Eiche bepflanzt und ummauert. Die Plätze werden meist von öffentlichen Gebäuden, wie Kirche, Gasthaus oder Backhaus, eingerahmt. Herausragende Beispiele von derart befestigten Dorfplätzen finden sich noch heute in Oechsen (Abb. 131), Pferdsdorf, Dermbach, Uttrichshausen oder Stetten (hier wurde die Fassung im 20. Jahrhundert erneuert[111]). In Heubach ist die Ummauerung der Richtstätte inschriftlich in das Jahr 1696 datiert.

Diese Dorfplätze bildeten Stätten der alltäglichen Begegnung und der öffentlichen Vergnügungen, aber auch der Diffamierung und Anprangerung. Zudem wurde auf den meisten Plätzen noch bis zu Beginn des vorigen Jahrhunderts unter freiem Himmel offiziell Gericht gehalten. Die Gerichtsverhandlung fand unter der Linde oder der Eiche statt, wobei es je nach Funktion und Stellung des Dorfes unterschiedliche Gerichtsarten gab. Befand sich in einem Ort ein Amtssitz, so wurde unter der Gerichtslinde vermutlich auch die höhere Gerichtsbarkeit ausgeübt. In den meisten Orten wurden jedoch nur

Abb. 131: Dorflinde in Oechsen

kleinere Fälle verhandelt: hauptsächlich Wald- oder Feldfrevel. Insbesondere das Stehlen von Holz oder Ackerfrüchten stand unter harter Bestrafung.[112]

Neben den befestigten Plätzen existieren in zahlreichen Dörfern auch unbefestigte platzartige Erweiterungen mit Dorflinden oder -eichen. Häufig erinnern allerdings nur noch Bezeichnungen wie Lindenplatz oder Lindenstraße an das ehemalige Vorhandensein eines solchen Baumes.

XI.3 Brunnen

Bis ins 20. Jahrhundert hinein wurde die Wasserversorgung der Dorfbewohner in der Rhön durch die Nutzung von Brunnen geregelt, bevor man damit begann, Wasserleitungen zu bauen, an die die einzelnen Hofstellen und Haushalte angeschlossen wurden. Als Folge davon verschwanden vielerorts die alten Brunnen aus dem Ortsbild.
In der Regel handelte es sich bei den Brunnen in der Rhön um Laufbrunnen. In früheren Zeiten erfaßte man die Quelläufe der Hangquellen an günstigen Stellen und leitete sie in Brunnenkammern. Diese bestanden aus großen Steinplatten mit einer regenwasserdichten Abdeckung. Durch hölzerne Röhren gelangte das Wasser dann zu den Laufbrunnen, wo es sich durch eine Brunnensäule in einen aus einem Sandsteinblock gehauenen Trog ergoß. Ein Überlauf führte in offene Wassergräben[113] (Abb. 132).

Aber auch Zieh- und Pumpbrunnen, die an das oberflächennahe Grundwasser angeschlossen wurden, sind gelegentlich vorhanden. Die Wasserförderung geschah entweder durch das Schöpfen über ein drehbares, hölzernes Haspelrad bzw. einen langarmigen Hebel, an denen eine Kette mit Eimer hing (Ziehbrunnen), oder über Saug- bzw. Hubpumpen, die zunächst aus Holz, später aus Gußeisen gefertigt waren.[114]

In Unterwaldbehrungen wurde vor einiger Zeit die Brunnenfassung eines Ziehbrunnens aus dem 17. Jahrhundert saniert.[115] Ein alter Laufbrunnen, inschriftlich in das Jahr 1758 datiert, findet sich zum Beispiel noch in Dermbach vor dem Backhaus (vgl. Abb. 125). Aufwendiger gestaltet ist ein Brunnen mit kubischer Brunnensäule und quadratischem Brunnenbecken aus dem Jahre 1839 in Sondheim vor der Rhön.[116] Oberelsbach besitzt einen eisernen Brunnen aus dem 19. Jahrhundert, Stepfershausen weist insgesamt noch acht Brunnen auf. Einer von diesen, der sogenannte Gänsebrunnen aus dem Jahre 1876, wurde laut Überlieferung in Unteralba bei Dermbach gefertigt. Ein Fuhrunternehmen aus Kaltennordheim beförderte dann den Brunnen im Auftrag nach Stepfershausen, was ziemlich hohe Kosten verursachte.[117]

Abb. 132: Brunnen in Sünna

Abb. 133: Brunnen in Unterwaldbehrungen

XI.4 Brücken

Innerhalb eines Ortes waren die Übergänge über einen Bach oder kleinen Fluß früher häufig nur als einfache Holzstege ausgebildet, während die Verbindungen der Hauptwege durch massive Brücken hergestellt wurden. Vor allem im 19. Jahrhundert ging man dann dazu über, die älteren, hölzernen Brücken durch Steinbrücken zu ersetzen. Dies war notwendig, da die nur wenig befestigten Holzbrücken häufig durch Hochwasser weggespült wurden.[118]

In der Regel handelte es sich bei den steinernen Brücken um Bogenbrücken, die je nach Spannweite zwischen ein und vier oder mehr Joche aufweisen[119] (Abb. 134). Die Brücken wurden meist mit massiven Brüstungen versehen, die häufig an ihren

Abb. 134: Brücke in Seiferts. (historisches Foto)

Endpunkten mit Heiligenfiguren aus Stein zusätzlich geschmückt waren.

Leider sind vor allem in der hessischen Rhön viele ältere Steinbrücken noch in den letzten Jahren durch Betonbrücken ersetzt worden, wie zum Beispiel eine ehemalige Brücke mit Figur von 1747 in Langenbieber. Auch in Oberkalbach wurde eine ältere Brücke überbaut. In der bayerischen und thüringischen Rhön finden sich noch in größerer Zahl – meist zwei- bis dreijochige – Brücken aus dem 18., 19. oder frühen 20. Jahrhundert.

XII. ZUSAMMENFASSUNG UND AUSBLICK

Die Dokumentation zeigt, daß in der Rhön – entgegen manch bisheriger Behauptungen – durchaus prägnante Haustypen und Bauweisen vorhanden sind. Allerdings vereinigt das Gebiet der Rhön eine Vielzahl von Bauformen, die auf unterschiedliche Einflüsse in der Region zurückzuführen sind. Dabei ist hervorzuheben, daß diese Landschaft schon seit Jahrhunderten ein Grenzgebiet bildet. In früheren Zeiten waren hier vor allem die Fürstabtei Fulda und das Bistum Würzburg sowie verschiedene, selbständige Adelsherrschaften ansässig. Heute ist die Rhön zwischen den Bundesländern Hessen, Thüringen und Bayern aufgeteilt. Außerdem machten sich in der Rhön verschiedene Kultureinflüsse aus den benachbarten Gebieten bemerkbar. Hinzu kommen schließlich die unterschiedlichen geographischen, geologischen und wirtschaftlichen Verhältnisse der Rhön: Die Landschaft weist sowohl gemäßigte Zonen als auch gebirgige Regionen auf, wovon wiederum die Bewirtschaftungsweise des Bodens und damit auch die Siedlungsformen sowie Bauart und Ausstattung der Häuser abhingen.

Grundsätzlich kann gesagt werden, daß die Rhön verschiedene Kulturräume in sich vereinigt.

Merkmale der westlichen Rhön:

Die Kulturlandschaft der westlichen Rhön ist wesentlich durch ein rauhes Klima und eine montane Geographie geprägt. Die unwirtliche Umgebung wirkte sich sowohl auf die Siedlungsformen als auch auf die Bauweisen der Häuser aus. Bezüglich der Siedlungsformen ist hervorzuheben, daß sich in der westlichen und höheren Kuppenrhön vor allem unregelmäßige, recht lockere Haufendörfer herausbildeten. Im Gegensatz zu anderen Regionen sind hier kaum geschlossene Straßenzeilen mit eng aneinandergereihten Gehöften vorhanden. Vielmehr ist eine häufig unregelmäßige Anordnung der Höfe feststellbar. Dies hing damit zusammen, daß die Siedlungsdichte in der westlichen Rhön infolge der schlechteren landwirtschaftlichen Ertragslage insgesamt geringer war.

Ähnliche Ursachen weisen auch die fast ausschließlich in der westlichen Rhön vorhandenen Weiler auf. Die geringe landwirtschaftliche Ertragsfähigkeit der Region bedingte, daß sich nur wenige Siedler niederlassen konnten. Während sich etwa in der Ostrhön viele ursprüngliche Weiler im Laufe der Jahrhunderte zu Haufendörfern weiterentwickelten, stagnierten die Ansiedlungen in der westlichen Rhön.

Die weiterhin vor allem westlich von Gersfeld vorhandenen Streusiedlungen sind dagegen auf staatliche Einflüsse zurückzuführen. Die Fürstabtei Fulda forcierte im 17. und 18. Jahrhundert die Besiedlung dieser Landschaft, um ihre Machtansprüche gegenüber dem Erzrivalen, dem Bistum Würzburg, zu demonstrieren. Dabei bevorzugte man den Streusiedlungstyp, der sich mit seinen arrondierten Bewirtschaftungsflächen hervorragend für die montane Region eignete.

Wie die Siedlungen waren auch die Gehöfte in der westlichen Rhön häufig bescheiden. In früheren Jahrhunderten existierten hier vermutlich zahlreiche „Gebirgs-Gehöfttypen", wie Einhäuser und Streckhöfe. Heute sind dagegen noch zahlreiche Zwei- und Dreiseithöfe vorhanden.

Weiterhin ist das in der westlichen Rhön dominierende eingeschossige Ernhaus als typische bauliche Erscheinung der früheren Jahrhunderte hervorzuheben. Dies ist einerseits sicherlich mit der weit verbreiteten Armut erklärbar, andererseits hatten eingeschossige Ernhäuser den Vorteil, daß hier nur eine geringe Wandfläche der Witterung ausgesetzt war. Auf diese Weise stellt die Hausform zugleich eine der Umgebung angepaßte Bauweise dar. Früher ebenfalls weit verbreitet waren vertikale Wohnstallhäuser, die unter dem Wohnteil ein hohes Sockelgeschoß mit Keller und Stallung aufweisen. Diese Hausform ist heute jedoch weitgehend verschwunden und nur noch in wenigen, vielfach baulich überformten Resten vorhanden.

Weiterhin sind in der südwestlichen Rhön schon seit dem 17. Jahrhundert Kniestockbauten nachweisbar, die eine bessere Ausnutzung des Dachraumes gewährleisteten. Reichere Bauern leisteten sich in der Regel ein zweigeschossiges Ernhaus.

Die ehemalige, weit verbreitetete Armut der Bevölkerung in der westlichen Rhön dokumentiert sich auch in der Fachwerkbauweise, die hier häufig sehr einfach ausgebildet ist. Schmuckhölzer und Schnitzwerk sind vielfach nur sparsam verwendet. Allerdings muß hier hervorgehoben werden, daß auch die Bevölkerung dieses Landstriches -trotz viel betonter Armut – ein Schmuckbedürfnis besaß. Bei genauerer Betrachtung zeigen sich an einfachen Fachwerkbauten beschnitzte Geschoßzonen, verzierte Eckständer oder einfache Schmuckhölzer, wie Fischgräten oder Rauten. Je reicher der Hausbesitzer war, desto ausgeprägter sind diese Schmuckformen.

Allerdings wurden viele Fachwerkbauten – auch solche mit Fachwerkschmuck – seit dem späten 18. und insbesondere im 19. Jahrhundert verkleidet. In der westlichen Rhön fanden vor allem Holzschindeln und Wettbretter eine weite Verbreitung. Aber auch hier zeigte sich vielfach ein Gestaltungswille, indem Schindeln und Wettbretter schmuckvoll miteinander verknüpft wurden.

Merkmale der nördlichen und nordöstlichen Rhön:

Im Gegensatz zur westlichen Kuppenrhön ist die nördliche und die nordöstliche Rhön klimatisch und landschaftlich gemäßigter. Insbesondere die nordöstliche, heute thüringische Rhön zeichnet sich dadurch aus, daß sie im „Windschatten" liegt. Diese Faktoren bewirkten eine reichere Bauentwicklung.

Häufig findet man in dieser Region stattliche Haufendörfer, in denen Zwei- und Dreiseithöfe dicht aneinandergereiht sind. Häufig bildet ein alter Dorfplatz mit einer Linde das Zentrum des Ortes. Aber auch regelmäßige Straßenbebauung ist hier vielfach vorhanden. Hierbei reihen sich Zweiseithöfe, deren Wohnhäuser giebelseitig zur Straße stehen und die Scheune rechtwinklig zum Haupthaus den hinteren Hofabschluß bildet, aneinander.

Insgesamt ist die zweigeschossige Bauweise in dieser Region wesentlich verbreiteter als in der westlichen Rhön, da sich die Bauern hier im Durchschnitt durch eine größere Wohlhabenheit auszeichneten.

Allerdings lassen sich in der thüringischen Rhön auch besondere Hausformen feststellen, die vermutlich durch weiter östliche, im thüringischen Kernland vorkommende Hausformen beeinflußt sind. Ein Beispiel hierfür ist das thüringische Wohnstallhaus mit einem Hochkeller und einem sehr hohen, eingeschossigen Fachwerkaufbau im Stubenbereich sowie einer Zweigeschossigkeit in Ern- und Stallzone. Die Gründe für diese Bauweise konnten in der vorliegenden Studie nicht restlos geklärt werden.

Einen weiteren thüringischen Haustyp stellt das Durchgangshaus dar, das traufseitig zur Straße steht und eine seitliche Durchfahrt zum Hof aufweist.

Das Fachwerk in der nördlichen und nordöstlichen Rhön ist fast durchweg aufwendiger gestaltet. Die Geschoßzonen sind hier vielfach mit reichhaltigem Schnitzwerk versehen, die Eckständer weisen neben ornamentalem gelegentlich sogar figürliches Schnitzwerk auf.

Infolge der gemäßigteren Witterung sind die Fachwerkgebäude hier weniger mit Wandverkleidungen versehen. In der nördlichen Rhön verkleidete man lediglich die Giebeldreiecke mit Ziegeln, in den östlichen Regionen ist vielfach eine Verschieferung der Wetterseiten feststellbar.

Eine bemerkenswerte Besonderheit in der nördlichen Rhön stellen die liebevoll gestalteten Fensterschiebeläden dar.

Merkmale der östlichen und südöstlichen Rhön:

Als Spezifikum der östlichen Rhön – insbesondere im ehemals hennebergischen Herrschaftsgebiet – müssen die befestigten Dörfer hervorgehoben werden. Infolge der mannigfachen Streitigkeiten der adligen und geistlichen Herrschaften im Mittelalter und der frühen Neuzeit baute man hier städtisch anmutende Befestigungsringe um die Dörfer. Ebenfalls fortifikatorischen Charakter besitzen die Scheunenranddörfer. Hier sind die Scheunen wagenburgartig um den Dorfkern angeordnet.

Auch die neben den Zwei- und Dreiseithöfen in der östlichen Rhön vorkommenden Doppelhöfe sind möglicherweise auf die zum Teil komplizierten Herrschaftsverhältnisse der östlichen Rhön zurückzuführen. Hier sind jedoch noch eingehendere Forschungen erforderlich.

Eine weitere bemerkenswerte Besonderheit der östlichen Rhön ist die recht altertümliche Fachwerkbauweise, die sich durch große, „liegende" Gefache auszeichnet. Im Gegensatz zum übrigen mitteldeutschen Fachwerk der Neuzeit stehen hier die Fachwerkständer weit auseinander. Diese Bauweise, die man sonst nur bei mittelalterlichen und frühneuzeitlichen Fachwerkbauten antrifft, wurde in der Ostrhön – aus bisher noch nicht geklärten Gründen – bis ins 18. Jahrhundert beibehalten.

Grundsätzlich machen sich in der südöstlichen Rhön auch kulturelle Einflüsse aus dem benachbarten Grabfeld bemerkbar. Besonders hervorzuheben ist hier das Eindringen der Hochlauben in das Rhöner Gebiet. Sie dienen hier insbesondere bei Scheunen als Trockengang.

Merkmale der südlichen Rhön:

Auf südwestdeutschen Einfluß sind vermutlich die „aufgesockelten" Wohnstallhäuser zurückzuführen, die sich insbesondere im ehemals fuldischen Raum entlang der Achse Bad Brückenau-Hammelburg finden lassen. Sie zeichnen sich durch einen meist talseits gelegenen, von außen zugänglichen Hochkeller aus.

Schließlich ist insbesondere für die südliche Rhön eine ausgeprägte Tradition verputzter und bemalter Fassaden zu konstatieren, die auf süddeutsche Einflüsse zurückzuführen ist. Leider sind es häufig nur noch Putz- und Farbreste, die auf eine ehemalige Farben- und Gestaltungsfreudigkeit hinweisen.

Die Forschungen zeigten somit, daß die Rhön eine Vielzahl unterschiedlicher Bauweisen aufweist, die auf mannigfaltige kulturelle Einflüsse in dieser Grenzregion zurückzuführen sind.

Ausblick:

Diese spezifischen Erscheinungen in der Bauweise sind in den letzten Jahren weitgehend in Vergessenheit geraten. Traditionelle Siedlungen wurden durch moderne und verkehrsgerechte Straßen in ihrer Struktur gestört, historisch gewachsene Haustypen durch großvolumige Bauten – zum Beispiel im alpinen Baustil – ersetzt. Noch vorhandene originale bauliche Zeugnisse der Rhöner Baukultur sind vielfach dem Verfall preisgegeben.

Um die Identität der Rhön in baukultureller Hinsicht zu wahren, müssen die noch vorhandenen historischen Gebäude besser geschützt werden. Gleichzeitig soll in Zukunft wieder verstärkt an diese heimatlichen Bauweisen angeknüpft werden.

Hierzu ist es notwendig, sich auf die jahrhundertelang organisch gewachsenen Bauformen zurückzubesinnen. Als Ziel muß dabei gelten, an diese baulichen Traditionen wieder anzuknüpfen – ohne aber zu historisieren oder zu imitieren. Dazu sind traditionelle Bauweisen an die heutigen Bedürfnisse anzupassen. Insgesamt ergeben sich folgende Handlungsschwerpunkte:

Zunächst müssen die vorhandenen Siedlungsstrukturen bewahrt werden, indem sich Neubausiedlungen den vorhandenen Siedlungsformen besser als bisher angliedern. Die Ausschreibung von Neubaugebieten sollte sich an den gegebenen Geländeformationen und der bisherigen Siedlungsentwicklung orientieren. Auf diese Weise würde gewährleistet, daß sich die Siedlungen – wie ihre historischen Vorbilder – auch in Zukunft harmonisch in die Landschaft einfügen.

Weiterhin ist es von großer Bedeutung, noch vorhandene, originale Zeugnisse der regionaltypischen Baukultur zu erhalten. Hierzu müssen die Häuser vielfach sachgerecht saniert werden, wobei auch auf regionaltypische Baudetails, wie Fenster und Türen, geachtet werden sollte. Vielfach sind die Gebäude zugleich einer neuen Nutzung zuzuführen.

Zu beachten ist ferner, daß Neubauten sich besser als bisher an die gewachsene Hauslandschaft angleichen. Dies wäre dadurch zu gewährleisten, daß zum Beispiel bei Neubauplanungen traditionelle Gebäudeabmessungen und -proportionen berücksichtigt werden. Wie die historischen Vorbilder sind sie den spezifischen Verhältnissen des jeweiligen Bauplatzes anzupassen.

Regionaltypische Baudetails, wie zum Beispiel Wandverkleidungen oder Gebäudefarbigkeiten, sollten verstärkt an Alt-, aber auch an Neubauten zur Geltung gebracht werden. Dies muß unter Beachtung der jeweils regionalen Unterschiede in der Rhön geschehen.

Für die Erhaltung und Förderung der Rhöner Bautradition ist es weiterhin von Belang, das einheimische Bauhandwerk wieder mehr am Bauprozeß in der Rhön zu beteiligen. Auf diese Weise soll eine Anknüpfung an frühere Gepflogenheiten in Bautechnik und Bauausführung gewährleistet werden. Hierbei müssen vor allem die älteren Handwerkergenerationen mit ihren Kenntnissen und Fertigkeiten eingebunden werden.

Aber auch die in der Rhön vorkommenden baulichen Rohstoffe sind wieder verstärkt in Anwendung zu bringen. Dies soll einerseits bewirken, daß sich die Häuser harmonischer in die Landschaft einfügen. Andererseits werden durch die Verwendung von Baumaterialien, die in der Region selbst vorhanden sind, die einheimischen Ressourcen besser ausgeschöpft und das davon abhängige Gewerbe gestärkt. Auch können Transportwege eingespart und somit ein Beitrag zum Schutz unserer Umwelt geleistet werden.

Über die Siedlungs- und Baugestaltung hinausgehend ist es für die Stärkung der Rhöner Dörfer schließlich von Bedeutung, historische Einrichtungen der dörflichen Gemeinschaft wieder mit Leben zu erfüllen. Schulen, Gasthäuser, Gemeindebackhäuser oder Brunnen spielten zu früheren Zeiten eine zentrale Rolle im Alltagsablauf. Die Erhaltung, Nutzung und Umnutzung dieser Gebäude stellt ein wesentliches Mittel dar, auch in Zukunft die gewachsene dörfliche Identität zu bewahren und zu stärken.

Anmerkungen

1) Vgl. z.B. Gebhard, Torsten, Alte Bauernhäuser. Von den Halligen bis zu den Alpen, München 1977. Mehl, Heinrich, Die Bauernhäuser in Rhön und Grabfeld, Fulda 1977. Agricola, Alfons, Alte Bauernhäuser im Fuldaer Land, in: Buchenblätter 1929, S. 129, 134, 138; Ders., Der Bauer und sein Hof in alter Zeit, in: Buchenblätter 1951, S. 54; Volkert, Hermann, Bauernhaus und Dorfformen im Fuldaer Land, in: Buchenblätter 1933, S. 117. Schmolitzky, Oskar, Das Bauernhaus in Thüringen, Berlin 1968. Rollberg, Fritz, Das westthüringische Bauernhaus, Kaltennordheim 1939.
2) S. Schneider, Justus, Rhönführer, neu bearb. von Hugo Scholz, Fulda 1991 (22. Aufl.), sowie Passarge, Friedrich, Landschaftskundliche Charakteristik der Rhön, in: Mitteilungen der geographischen Gesellschaft Hamburg, Bd. 43, Hamburg 1933.
3) Zum geologischen Aufbau der Rhön liegen zahlreiche, vor allem ältere Untersuchungen vor. Die folgende Darstellung basiert im wesentlichen auf: Bücking, Hugo, Geologischer Führer durch die Rhön, Berlin 1916; Siedentop, Irmfried, Das Rhöngebirge, München 1929; Rutte, Erwin, Hundert Hinweise zur Geologie der Rhön, München 1974.
4) S. Röll, Werner, Die kulturlandschaftliche Entwicklung des Fuldaer Landes seit der Frühneuzeit, Gießen 1966, S. 14 f.
5) S. Hofemann, Anneliese, Die Entwicklung des Territoriums der Reichsabtei Fulda, Marburg 1958.
6) S. Helmer, Wilhelm, Die territoriale Aufteilung der Rhön am Ende des 18. Jahrhunderts, in: Buchenblätter 1935, S. 121, 125.
7) S. Willms, Günther, Die Grenzen des Hochstifts Fulda, in: Buchenblätter 1955, S. 93, und 1956, S. 1-14.
8) Vgl. u.a. Röll, Werner, a.a.O., S. 16ff.
9) S. Röll, a.a.O., S. 18.
10) S. Wenz, Ernst, Die Besiedlung der Rhön, in: Buchenblätter 1940, S. 3f.
11) Vgl. Korb, Karl, Die Besiedelung des Salzforstes, in: Buchenblätter 1960, S. 3, 6, 7, 10.
12S) S. Wenz, Ernst, Von der Naturlandschaft zur Kulturlandschaft, in: Das Fuldaer Land – unsere schöne Heimat, hrsg. von Karl Schick, Fulda 1949, S. 20.
13) Vgl. Röll, a.a.O., S. 35 ff.
14) Vgl. z.B. Schröder, Karl-Heinz/Schwarz, Gabriele, Die ländlichen Siedlungsformen in Mitteleuropa, Trier 1978 (2. Aufl.).
15) Rösser, Ildefons, Beiträge zur Siedelungskunde der Südlichen Rhön und des Fränkischen Saaletals, München 1920.
16) Datierung nach: Denkmäler in Bayern, Band VI: Unterfranken, hrsg. von Michael Petzet, München 1985, S. 276.
17) S. Fritze, Eduard, Dorfbilder, Meiningen 1906 (= Neue Beiträge zur Geschichte deutschen Altertums, Bd. 20, hrsg. von dem Hennebergischen altertumsforschenden Verein in Meiningen), S. 36 ff.
18) Fritze, ebda., S. 15 ff.
19) Müller, Helmut/ Gräfe, Ingrid, Beiträge zur Thematik wehrhafter Kirchen (des mittleren Werragebietes), in: Südthüringer Forschungen Nr. 3, hrsg. von den Staatlichen Museen Meiningen, Meiningen 1967.
20) Ernst, Eugen/ Klingsporn, Hermann, Hessen in Karte und Luftbild, topographischer Atlas, Teil I, Neumünster 1969, S. 113.
21) Kmiotek, B., Siedlung und Landwirtschaft im Salzforst, Diss. Würzburg 1900; Korb, Karl, Die Besiedelung des Salzforstes, a.a.O., S. 3, 6, 7, 10.
22) Binder, Carl, Sondheim vor der Rhön und seine Chronik, Wien 1884, S. 206 ff.
23) Vgl. Ellenberg, Heinz, Bauernhaus und Landschaft in ökologischer und historischer Sicht, Stuttgart 1990, S. 42 ff.
24) Ebda., S. 352. Ellenberg unterlag vermutlich einem Irrtum, indem er die Gebirgslandschaften Rhön und Vogelsberg verwechselte.
25) Volkert, Hermann, Bauernhaus und Dorfformen im Fuldaer Land, in: Buchenblätter 1933, S. 117.
26) StAM Bestand 180 Fulda, Nr. 325, Die Schulbauten und Reparaturen zu Hofbieber 1822–1832. Vgl. dazu auch Kap. X.1.
27) Vgl. Reutter, Rolf, Haus und Hof im Odenwald. Form, Funktion und Geschichte, Heppenheim 1987, S. 116; Bauer, Christine H., Anspruch und Wirklichkeit landesherrlicher Baugesetzgebung, Grünstadt 1992, S. 103 f; Pletsch, Berthold, Die Entwicklung der Bauernhausformen im nordöstlichen Vogelsberg im 19. und 20. Jahrhundert, Lauterbach 1970 (=Heft 52 der Lauterbacher Sammlungen).
28) Vgl. auch Schmolitzky, a.a.O, S. 15 ff.
29) Freundliche Mitteilung von Herrn Wald M.A., Leiter des Freilandmuseums in Fladungen.

30) Vgl. dazu Abel, Wilhelm, Geschichte der deutschen Landwirtschaft vom frühen Mittelalter bis zum 19. Jahrhundert, Stuttgart 1978.
31) Vgl. dazu die Beschreibung der Odenwälder Hausformen in: Assion, Peter/Brednich, Rolf Wilh., Bauen und Wohnen im deutschen Südwesten. Dörfliche Kultur vom 15. bis 19. Jahrhundert, Stuttgart 1984, S. 18.
32) Schilli, Hermann, Die Verteilung der Hausarten in der Ortenau, Versuch eines Beitrages zur Besiedlungsgeschichte, in: Die Ortenau 27, 1940, S. 156 ff.
33) Schilli, Hermann, Das oberrheinische (mittelbadische) Kniestockhaus, in: Badische Heimat 37, 1957, S. 63 ff.
34) Assion/Brednich, a.a.O., S. 85 ff.
35) Reutter, a.a.O., S. 112 ff.
36) Assion/Brednich, a.a.O., S. 210 ff.
37) Reutter, a.a.O., S. 112.
38) Freundlicher Hinweis von Herrn Dr. Hartmut Wenzel, Hochschule für Architektur und Bauwesen, Weinmar.
39) Vgl. Schmolitzky, a.a.O., S. 43 ff.
40) Vgl. Fritze, Eduard, Dorfbilder II, Fünfzig Jahre Geschichte eines Frankendorfes, Meiningen 1913 (=Neue Beiträge zur Geschichte deutschen Altertums, 25), S. 19 ff.
41) Diese Bezeichnung stammt von Herrn Wald, Freilandmuseum Fladungen.
42) Schmolitzky, a.a.O., S. 40 ff.
43) Vgl. Fritze, Dorfbilder II, a.a.O., S. 33 ff.
44) Hütsch, Theo, Wie die Gemeindebackhäuser entstanden, in: Buchenblätter Nr. 8, 1974, S. 30. In diesem Beitrag wird unter anderem auch die Bauart der Schweineställe erwähnt.
45) S. Gutachten „Schweinestall-Oberkalbach" des Zentrums für Handwerk und Denkmalpflege, Projekt-Nr. 6401.067/89.
46) Schmolitzky, a.a.O., S. 50 f.
47) Freundlicher Hinweis von Frau Denner, Klings (Thüringen).
48) Haas, Theodor, Die Flurnamen der Gemarkungen des Landkreises Fulda, in: Buchenblätter 1928, S. 108.
49) Knapp, Rüdiger, Die Pflanzengesellschaften des Landkreises Fulda, in: Der Landkreis Fulda, hrsg. v. Eduard Stieler, Stuttgart 1971, S. 35.
50) Kindinger, Wieland, Beiträge zur Entwicklung der Kulturlandschaft in der zentralen Rhön vom Dreißigjährigen Krieg bis 1933, Würzburg 1942, S. 24 ff.
51) Ebda., S. 27 ff.
52) StAM, Bestand 180 Fulda, Nr. 5622, Bestrebungen zur Hebung von Landwirtschaft und Viehzucht, 1854–1926.
53) Vgl. auch Bücking, a.a.O., S. 43 f.
54) Ebda., S. 208.
55) Zur Fachwerkbauweise s. Gerner, Manfred, Fachwerk. Entwicklung, Gefüge, Instandsetzung, Stuttgart 1989.
56) Vgl. Bauer, a.a.O., S. 239 ff.
57) Sturm, Erwin, Die Bau- und Kunstdenkmale des Fuldaer Landes, Bd. 1, Fulda 1989 (2. Aufl.), S. 155.
58) StAM, Bestand 180 Fulda, Nr. 329, Erbauung des Schulhauses in Langenbieber, 1838–45.
59) Zum Dachwerk allgemein s. z.B. Reutter, a.a.O., S. 170 ff; Schönfeldt, Gero von, Bauernhäuser in Hessen, Wiesbaden 1973 (= Sonderheft 45 der Arbeitsgemeinschaft zur Verbesserung der Agrarstruktur in Hessen e.V.), S. 78 ff.
60) Vgl. dazu Carius, A., Ornamentik am oberhessischen Bauernhause, Frankfurt 1910, S. 9 ff.
61) Mehl, a.a.O., S. 106.
62) Vor allem thüringische Schmuckhölzer sind ausführlich beschrieben in: Rollberg, Fritz, a.a.O., S. 37 ff. Vgl. außerdem: Mehl, a.a.O., S. 102 ff.
63) Gutmann, Hans, Der Rhönwald ernährte früher viele Berufe, in: Buchenblätter, Nr. 30, 1961, S. 120.
64) Zu thüringischem Schiefer allg. s. Schubert, Reiner/ Steiner, Walter, Der Thüringer Dachschiefer als Werk- und Dekorationsstein, in: Wissenschaftliche Zeitschrift für Architektur und Bauwesen Weimar, 1970, Heft 5, S. 531–550.
65) StAM, Bestand 53a, Nr. 984, Das Abputzen der Gebäude, sowie das Verschalen der Giebelwände mit Bohlen...betr., 1822, 1825–1849.
66) StAM, 180 Fulda, Nr. 329.
67) Vgl. Akte StAM, Gestand 53a, Nr, 984.
68) Vgl. dazu: Cramer, Johannes, Massiver Schein. Zur Behandlung verputzter Fachwerkbauten, in: Deutsche Kunst und Denkmalpflege, Jg. 43, 1985, Heft 1, S. 44–52.
69) Bedal, Konrad, Farbe an Häusern in Franken, in: Das farbige Haus, Fränkisches Freilandmuseum in Bad Windsheim, Symposion am 28. Juli 1983, S. 29 ff.
70) So weist ein Gebäude in Kleinsassen im ehemaligen Stallbereich einen Inschriftenstein mit der Jahreszahl 1799 auf. Es ist mündlich überliefert, daß dieser Stein in Zweitverwendung während des Umbaues des Stalles in eine weitere Wohnzone hier eingefügt wurde.
71) s. Schemmel, Bernhard, Figuren und Reliefs an Haus und Hof in Franken, Würzburg 1978.

72) Mehl, a.a.O., S. 82 ff.
73) Fritze, Eduard, Fränkisch-Thüringische (althennebergische) Holzbauten aus alter und neuer Zeit – mit 45 Tafeln, Meiningen 1892.
74) Vgl. Schenkel, Thomas, Historische Fensterformen am Profanbau der Rhön, Examensarbeit ohne weitere Angaben.
75) Siehe auch: Seib, Gerhard, Schiebeläden an Bauernhäusern und Nebengebäuden in Osthessen, West- und Südthüringen, in: Hessische Heimat, Jg. 42, 1992, Heft 4, S. 169–181.
76) Schmolitzky, a.a.O., S. 57.
77) Rollberg, a.a.O., S. 52.
78) Vgl. Fritze, Dorfbilder II, a.a.O., S. 33 ff; Mehl, a.a.O., S. 54 ff.
79) Vgl. Zäune, Gitter, Tore. Eine Ausstellung der Handwerkspflege in Bayern (4. März – 18. April 1986), hrsg. v. Bayerischen Handwerkstag e.V., München 1986.
80) Hütsch, a.a.O., S. 30.
81) Mehl, a.a.O., S. 58 ff.
82) Vgl. Mehl, ebda., S. 70 f.
83) Vgl. Utrrichshausen. Gemeinde Kalbach/Rhön. 1175 Jahre von der Vergangenheit zur Gegenwart, o.J., S. 151 ff.
84) Urkunden in der Schule von Klings, freundlicher Hinweis von Frau Denner, Klings.
85) Denkmaltopographie Unterfranken, a.a.O., S. 269.
86) Uttrichshausen, a.a.O., S. 152.
87) Abel, Hermann Otto, Aus der Geschichte einer Rhöner Dorfschule, in: Buchenblätter 1936, S. 99.
88) StAM, Bestand 180 Fulda, Nr. 3228, Unterhaltung der Schule von Neuswarts.
89) StAM, Bestand 180 Fulda, Nr. 2910, Schulhausreparatur in Hofbieber.
90) StAM, Bestand 180 Fulda, Nr. 5443, Die Schulhausbauten im allg.
91) Hinweis in: StAM, Bestand 180 Fulda, Nr. 2910.
92) Denkmaltopographie Unterfranken, S. 276.
93) StAM, Bestand 180 Fulda, Nr. 329, Erbauung des Schulhauses in Langenbieber, 1838–1845.
94) StAM, Bestand 180 Fulda, Nr. 5230, betr. den Neubau der Schule in Langenbieber.
95) StAM, Bestand 180 Fulda, Nr. 329, 2910 und 5143.
96) StAM, Bestand 180 Fulda, Nr. 3228
97) Uttrichshausen, a.a.O., S. 162.
98) Sturm, a.a.O., S. 936 f.
99) Ebda., S. 156.
100) Ebda., S. 966.
101) Schmolitzky, a.a.O., S. 51 ff.
102) Hütsch, a.a.O., S. 29.
103) Kapfhammer, Günther, Gemeindebacköfen im nördlichen Unterfranken, in: Bayerisches Jahrbuch für Volkskunde, Würzburg 1970, S. 134.
104) Schmolitzky, a.a.O., S. 53.
105) StAM, Bestand 180 Fulda, Nr. 3889. 37722 und 3825, Backofenangelegenheiten in Dipperz, Langenbieber, Margretenhaun; Vgl. auch Bauer, a.a.O., S. 135 ff.
106) Kapfhammer, a.a.O., S. 137.
107) S. Kapfhammer, a.a.O., S. 140 ff; Bauer, a.a.O., S. 137.
108) Quellen zum Straßenbau in der Rhön: StAM, Bestand 180 Fulda, Nr. 1810, Wege- und Brückenbau der Gemeinde Langenbieber; Nr. 1804, Wege- und Wasserbau zu Margretenhaun; Nr. 1883, Verbreiterung des Landweges von Fulda nach Niederbieber im Orte Margretenhaun; Nr. 1845, Wegebau in Traisbach.
109) StAM, Bestand 180 Fulda, Nr. 1810.
110) Ebda.
111) Denkmaltopographie Unterfranken, a.a.O., S. 276.
112) Vgl. Miehle, Brunhilde, Dorfplätze in Nordhessen und Thüringen, in: Hessische Heimat, Jg. 42, 1992, S. 156–162.
113) Siehe z.B. StAM, Bestand 180 Fulda, Nr. 3996, Gemeindebrunnen und Wasserleitungsbau zu Hofbieber 1807–1921.
114) Siehe auch: Kaiser, Josef/ Worschech, Reinhard, Alte Brunnen in Unterfranken, Würzburg 1986.
115) Denkmaltopographie Unterfranken, a.a.O., S. 254.
116) Ebda., S. 276.
117) Mündliche Überlieferung im Ort.
118) StAM, Bestand 180 Fulda, Nr. 1804, Wege- und Wasserbau zu Margretenhaun, 1839–1893.
119) Zu Brücken im allgemeinen siehe: Heinrich, Bert, Brücken. Vom Balken zum Bogen, Hamburg 1989.

QUELLEN- UND LITERATURVERZEICHNIS

1. Archivalische Quellen (Staatsarchiv Marburg)

HOFBIEBER

Reparatur des Schulhauses in Hofbieber
Band 1   Bestand 180 (Fulda), Nr. 325
Band 2   Bestand 180 (Fulda), Nr. 2910
Band 3   Bestand 180 (Fulda), Nr. 5143

LANGENBIEBER

Steuerkataster mit Vorbeschreibung
       Kataster I C 2–3
Nummernbuch   Kataster I C 4–5

Wege- und Brückenbau in der Gemeinde
Langenbieber   Bestand 180 (Fulda), Nr. 1810

Bau eines neuen Schulhauses in Langenbieber
Bd. 1 1838–1845   Bestand 180 (Fulda), Nr. 329
Bd. 2 1845–1933   Bestand 180 (Fulda), Nr. 5230
Bd. 3 1935–1940   Bestand 180 (Fulda), Nr. 5232

Gemeindebackhaus   Bestand 180 (Fulda), Nr. 3722
(1823–1867)

SEIFERTS

Haus- und Steuerkataster, 1860   Kataster I C 1

Unterhaltung des Schulgebäudes zu Seiferts
       Bestand 180 (Fulda), Nr. 3218

MARGRETENHAUN

Verbreiterung des Landweges von Fulda
nach Niederbieber im Orte Margretenhaun
       Bestand 180 (Fulda), Nr. 1983
Wege- und Wasserbau zu Margretenhaun
1831–1892   Bestand 180 (Fulda), Nr. 1810
Brücken- und Uferbauten zu Margretenhaun
1838–1898   Bestand 180 (Fulda), Nr. 2815

Gemeindebackhaus   Bestand 180 (Fulda), Nr. 3825

NEUSWARTS

Haus- und Steuerkataster, 1860   Kataster I, C 1

Unterhaltung der Schule zu Neuswarts,
enthält Reparaturen und Besichtigungen
1921   Bestand 180 (Fulda), Nr. 3228

2. Literatur

Abel, Adolf, Heimatbuch des Kreises Gersfeld, Eisenach 1924.

Abel, Hermann Otto, Aus der Geschichte einer Rhöner Dorfschule, in: Buchenblätter 1936, S. 99.

Abel, Wilhelm, Geschichte der deutschen Landwirtschaft vom frühen Mittelalter bis zum 19. Jahrhundert, Stuttgart 1978.

Agricola, Alfons, Alte Bauernhäuser im Fuldaer Land, in: Buchenblätter 1929, S. 129, 134, 138.
Ders., Der Bauer und sein Hof in alter Zeit, in: Buchenblätter 1951, S. 54.
Ders., Die Lage der Bauern im Fuldaer Land um 1800, in: Buchenblätter 1958, S. 65.

Assion, Peter/Brednich, Rolf Wilhelm, Bauen und Wohnen im deutschen Südwesten. Dörfliche Kultur vom 15. bis 19. Jahrhundert, Stuttgart 1984.

Bancalari, Gustav, Das süddeutsche Wohnhaus „fränkischer Form", in: Globus 67, 1895, Bd. 13, S. 201–207.
Ders., Thüringische Haustypen, in: Globus 67, 1895, Bd. 13, S. 350–354.

Barth, August Jakob, Das Rhöngebirge, Fulda 1870.

Bauer, Christine H., Anspruch und Wirklichkeit landesherrlicher Baugesetzgebung, Grünstadt 1992.

Baumann, Richard, Das Hoftor in Franken, (Diss.) Würzburg 1952.

Bedal, Konrad, Farbe an Häusern in Franken, in: Das farbige Haus, Fränkisches Freilandmuseum

Bad Windsheim, Symposion am 28. Juli 1983, Bad Windsheim 1984.

Benkert, Franz Georg, Nordheim v.d. Rhöne mit seiner nächsten Umgebung, Würzburg 1821.

Binder, Carl, Das ehemalige Amt Lichtenberg vor der Rhön (1896), Sondheim 1982 (Nachdruck).
Ders., Sondheim vor der Rhön und seine Chronik, Wien 1884.

Brückner, Georg, Landeskunde des Herzogthums Meiningen, 2 Bde., Meiningen, 1851/53.

Brugger, Albrecht/Sarkowicz, Hans, Hessen, eine Landeskunde im Luftbild, Stuttgart 1985.

Buchenblätter – Beilage der Fuldaer Zeitung für Heimatfreunde, 1. Jahrgang 1920 – 66. Jahrgang 1993.

Bücking, Hugo, Geologischer Führer durch die Rhön, Berlin 1916.

Carius, A., Ornamentik am oberhessischen Bauernhause, Frankfurt 1910.

Cramer, Johannes, Massiver Schein. Zur Behandlung verputzter Fachwerkbauten, in: Deutsche Kunst und Denkmalpflege, 43. Jg., 1985, Heft 1, S. 44–52.

Deist, Adam, Die Siedlungen der Bergbaulandschaften an der hessisch-thüringischen Grenze, Würzburg 1938.

Demandt, Karl E., Geschichte des Landes Hessen, Kassel und Basel 1972 (2. Aufl.).

Denkmäler in Bayern, Band VI: Unterfranken, hrsg. von Michael Petzet, München 1985.

Dörfliche Siedlungen in Unterfranken. Einsichten in eine Baukultur, Würzburg 1990.

Das Dorf. Informationen 1974. Landentwicklung in Hessen, Wiesbaden 1974.

Dorfentwicklung, hrsg. von Eckart Frahm und Wiklef Hoops, Tübingen 1987.

Dunkel, Fritz, Volkstümliches Heimatbuch des Landkreises Brückenau, Brückenau 1955.

1175 Jahre Oberleichtersbach, hrsg. von der Gemeindeverwaltung Oberleichtersbach, Oberleichtersbach 1988.

Ellenberg, Heinz, Bauernhaus und Landschaft in ökologischer und historischer Sicht, Stuttgart 1990.

Emmerich, Werner, Siedlungsgeschichte, in: Geschichte Thüringens, Bd. 1, hrsg. von H. Patze und W. Schlesinger, Köln und Graz 1968.
Ders., Stand und Aufgaben vergleichender Erforschung der ländlichen Siedlungsgeschichte Thüringens, in: Zeitschrift des Vereins für thüringische Geschichte und Altertumskunde, Jena 1939, Bd. 41, S. 307–342.

Ernst, Eugen/Klingsporn, H., Hessen in Karte und Luftbild, topographischer Atlas, Teil 1, Neumünster 1969.

Festschrift 1100-jähriges Helmershausen, Helmershausen 1957.

Festschrift 1175 Jahre Geisa, hrsg. von der Stadtverwaltung Geisa, Fulda 1992.

Festschrift zum 25-jährigen Jubiläum des Rhönklubs, Fulda 1901.
Festschrift zum 50-jährigen Jubiläum des Rhönklubs, Fulda 1926.

Fiedler, Alfred/Weinhold, Rudolf, Das schöne Fachwerkhaus Südthüringens, Leipzig 1956.

Fritze, Eduard, Dorfbilder, Meiningen 1906 (= Neue Beiträge zur Geschichte deutschen Altertums, Bd. 20, hrsg. von dem Hennebergischen altertumsforschenden Verein in Meiningen).
Ders., Dorfbilder II. Fünfzig Jahre Geschichte eines Frankendorfes, Meiningen 1913 (= Neue Beiträge zur Geschichte deutschen Altertums, Bd. 25, hrsg. von dem Hennebergischen altertumsforschenden Verein in Meiningen).
Ders., Fränkisch-thüringische (althennebergische) Holzbauten aus alter und neuer Zeit, 1892.

Das Fuldaer Land – unsere schöne Heimat, hrsg. von Karl Schick, Fulda 1949.

Gebhard, Torsten, Alte Bauernhäuser – von den Halligen bis zu den Alpen, München 1977.
Ders., Der Bauernhof in Bayern, München 1975 (4. Aufl.).

Geisa/Rhön. Ein Führer durch Stadt und Umgebung, Fulda 1992.

Geographisch, statistisch-topographisches Lexikon von Franken, Ulm 1799.

Gerner, Manfred, Fachwerk. Entwicklung, Gefüge, Instandsetzung, Stuttgart 1989.

Gießener geographischer Exkursionsführer, Bd. III, hrsg. von Willi Schulze und Harald Uhlig, Gießen 1982.

Görlich, Paul, Hausinschriften im Fuldaer Land, in: Buchenblätter 1976, S. 73 u. 79.

Gräser, Franz, 150 Jahre Gebietsreform im Fuldaer Land, in: Buchenblätter 1973, S. 57f.

Gutmann, Hans, Brandkatastrophen in der Rhön, in: Buchenblätter 1961, S. 57.
Der Rhönwald ernährte früher viele Berufe, in: Buchenblätter 1961, S. 120.

Haas, Theodor, Die Besiedlung des Fuldaer Landes, in: Buchenblätter 1925, S. 207f, und 1926, S. 3f. u. 7f.
Ders., Die Flurnamen der Gemarkungen des Landkreises Fulda, in: Buchenblätter 1928, S. 103, bis 1934, S. 46.
Ders., Die Ortsnamen des Kreises Fulda, in: Fuldaer Geschichtsblätter 1908, S. 145, und 1909, S. 1.
Ders., Die Ortsnamen des Kreises Gersfeld, in: Buchenblätter 1926, S. 99, 103 u. 107.
Ders., Tausendjährige Flurnamen des Fuldaer Landes, in: Buchenblätter 1934, S. 73.
Ders., Zur Urgeschichte des Fuldaer Landes, in: Fuldaer Geschichtsblätter 1907, Nr. 97 u. 161.

Hävernick, Walter, Stand und Fragen der thüringischen Bauernhausforschung, in: Zeitschrift des Vereins für thüringische Geschichte und Altertumskunde, Jena 1939, Bd. 41, S. 27–79.

Hahn, Heinrich, Die geschichtlichen Kräfte im Rhöngebiet, in: Fuldaer Geschichtsblätter 1962, Nr. 65.

Hartung, Wilhelm, Das Rhöngebirge nach Entstehung und Oberflächengestaltung, Marburg 1912.

Heinrich, Bert, Brücken. Vom Balken zum Bogen, Hamburg 1989.

Helmer, Wilhelm, Die territoriale Aufteilung der Rhön am Ende des 18. Jahrhunderts, in: Buchenblätter 1935, S. 121,125,131,134,138,146.

Henschel, Ottokar, Die kleinbäuerliche Hofreite der Rhöner und ihr Hausrat um die Jahrhundertwende, in: Buchenblätter 1969, S. 27f.

Hessen – Besiedlung und Landschaft, Göttingen 1978.

Das hessische Dorf, hrsg. von Ina-Maria Greverus, Gottfried Kiesow und Reinhard Reuter, Frankfurt/Main 1982.

Heubach – Chronik/Zeittafel, Heubach 1985.

Hirsch, Ludwig, Tertiärgeologische Untersuchungen in der Rhön, Würzburg 1937.

Historische Landeskunde Mitteldeutschlands: Thüringen, hrsg. von Hermann Heckmann, Würzburg 1986.

Höhl, Leopold, Rhönspiegel, Würzburg 1881 (Nachdruck 1984).

Hofemann, Anneliese, Die Entwicklung des Territoriums der Reichsabtei Fulda, Marburg 1958.

Hütsch, Theo, Wie die Gemeindebackhäuser entstanden, in: Buchenblätter 1974, S. 30.

Jaeger, Franz Anton, Briefe über die hohe Rhöne Frankens in geographisch-topographisch-physisch und historischer Hinsicht, Teil 1–3, Arnstadt und Rudolstadt 1803 (Nachdruck 1985).

Jestaedt, Aloys, Zur Agrargeschichte des Fuldaer Landes im 18. Jahrhundert, in: Fuldaer Geschichtsblätter 1932, Nr. 1, 37, 59, 72.
Ders., Die Landvermessung im alten Fürstentum Fuldas, in: Buchenblätter 1956, S. 33, 38, 46.

Kaiser, Josef/Worschech, Reinhard, Alte Brunnen in Unterfranken, Würzburg 1986.

Kapfhammer, Günther, Gemeindebacköfen im nördlichen Unterfranken, in: Bayerisches Jahrbuch für Volkskunde, Würzburg 1970.

Kiefer, Willy, Traisbach – Monographie eines Dorfes, Fulda 1971.

Ders., Wissenswertes über den Landkreis Fulda, Fulda.

Kindinger, Wieland, Beiträge zur Entwicklung der Kulturlandschaft in der zentralen Rhön vom Dreißigjährigen Krieg bis 1933, Würzburg 1942.

Kmiotek, B., Siedlung und Landwirtschaft im Salzforst, (Diss.) Würzburg 1900.

Knott, Hermann, Die Rhön in Wort und Bild, Fulda 1920 (2. Aufl.).

Körner, Hans, Ostheim vor der Rhön, Ostheim 1983.

Kötzschke, R., Thüringen in der Deutschen Siedelungsgeschichte, o.O. 1930.

Korb, Karl, Die Besiedelung des Salzforstes, in: Buchenblätter 1960, S. 3,6,7,10.

Kramer, Karl-Sigismund, Bauern und Bürger im nachmittelalterlichen Unterfranken, Würzburg 1957.

Lamping, Heinrich, Dorf und Bauernhof im südlichen Grabfeld, Würzburg 1966.

Land der offenen Fernen. Die Rhön im Wandel der Zeiten, hrsg. von Josef Hans Sauer, Fulda 1976.

Landau, G., Das Haus in Thüringen und Hessen, 1857/58.

Der Landkreis Fulda, bearb. von Willi Kriesel, Essen 1954.

Der Landkreis Fulda, hrsg. von Eduard Stieler, Stuttgart und Aalen 1971.

Landkreis Fulda: Entwicklung eines Wirtschaftsraumes, bearb. von Klaus von Prümmer, Fulda 1978.

Leinweber, Josef, Das Hochstift Fulda vor der Reformation, Fulda 1972.

Liedke, Volker, Anmerkungen zur Problematik der Dorfsanierung in Nordheim vor der Rhön, in: Schönere Heimat 1975, Heft 1, S. 19–22.

Lietze, Martin, Wirtschaftsgeographie der Rhön, Berlin 1914.

Lob, Reinhold, Die Wüstungen der bayrischen Rhön und des nordwestlichen Grabfeldes, Würzburg 1969.

Luckhard, Fritz, Regesten der Herren von Ebersberg genannt von Weyhers in der Rhön, Fulda 1963.

Lübeck, Konrad, Alte Ortschaften des Fuldaer Landes II. Alte Ortschaften des Kreises Fulda, Fulda 1936.
Ders., Die Wüstungen des Kreises Fulda, in: Fuldaer Geschichtsblätter 1934, Nr. 30.

Mälzer, Gottfried, Die Rhön – alte Bilder und Berichte, Würzburg 1984.

Malkmus, Ferdinand, Zur Wirtschaftsgeschichte des Rhöngebietes im 19. Jahrhundert, in: Fuldaer Geschichtsblätter 1922, Nr. 1,61,71.

Mehl, Heinrich, Die Bauernhäuser in Rhön und Grabfeld, Fulda 1977.

Mensching, H., Geomorphologie der Hohen Rhön und ihres südlichen Vorlandes, Würzburg 1957 (= Würzburger geographische Arbeiten, Heft 4/5).

Miehle, Brunhilde, Dorfplätze in Nordhessen und Thüringen, in: Hessische Heimat, 42. Jg., 1992, S. 156–162.

Möller, Dieter/Hahn, Heinrich, Die thüringische Rhön, Fulda 1992.

Mölter, Max, Die Hochrhönstraße, Fulda 1972 (3. Aufl.).

Müller, Helmut/Gräfe, Ingrid, Beiträge zur Thematik wehrhafter Kirchen (des mittleren Werragebietes), in: Südthüringer Forschungen Nr. 3, hrsg. von den Staatlichen Museen Meiningen, Meiningen 1967.

Müller, L., Kurze Geschichte der Rhön, Gersfeld 1889.

Oesterreich, Julius, Die arme Rhön, Hamburg 1919.

Ott, Erich/Gerlinger, Thomas, Perspektiven für die Rhön: Alternative Entwicklungsszenarien zum UNESCO-Biosphärenreservat Rhön, Frankfurt/Main 1993 (= Schriftenreihe Biosphärenreservat Rhön, Bd. 2).

Pampuch, Andreas, Der Kreuzberg und sein Umkreis, Bad Neustadt 1968.

Passarge, Friedrich, Landschaftskundliche Charakteristik der Rhön, in: Mitteilungen der geographischen Gesellschaft Hamburg, Bd. 43, Hamburg 1933.

Pletsch, Berthold, Die Entwicklung der Bauernhausformen im nordöstlichen Vogelsberg im 19. und 20. Jahrhundert, Lauterbach 1970 (= Heft 52 der Lauterbacher Sammlungen).

Primus, Gabriele, Zwischen Tälern und sanften Höhen – Chronik des Luftkurortes Hilders, Fulda 1982.

Radloff, Alfred/Schütz, Anton/Lamping, Heinrich, Strukturwandel des Dorfes im Grenzland Rhön, Fulda 1971.

Rahmenkonzept Biosphärenreservat Rhön – 1. und 2. Zwischenbericht, Planungsbüro Grebe, Nürnberg 1992.

Regel, F., Landeskunde von Thüringen, Breslau 1898.

Regensburg, Heinrich, Das deutsche Dorf, München (ca. 1913).

Reimer, Heinrich, Historisches Ortslexikon für Kurhessen, Marburg 1926.

Reutter, Rolf, Haus und Hof im Odenwald. Form, Funktion und Geschichte, Heppenheim 1987.

Die Rhön, Grenzland im Herzen Deutschlands, hrsg. von Josef Hans Sauer, Fulda 1966 (3. Aufl.).

Rhönkalender, Fulda seit 1924.

Rhönwacht, Zeitschrift des Rhönklubs, Jg. 1–18 („Die Rhön"), Eisenach 1912–1930; Jg. 19ff, Fulda seit 1930.

Rieder, Hannes, Die Aufteilung der Allmende im Fuldaer Land, in: Buchenblätter 1933, S. 43.

Riemann, Robert, Siedlungsgeschichte und Ortsnamen in Thüringen, Hornburg 1981.

Röll, Werner, Die kulturlandschaftliche Entwicklung des Fuldaer Landes seit der Frühneuzeit, Gießen 1966 (= Gießener geographische Schriften 9).

Rösser, Ildefons, Beiträge zur Siedelungskunde der Südlichen Rhön und des Fränkischen Saaletals, München 1920.

Rollberg, Fritz, Das westthüringische Bauernhaus, Kaltennordheim 1939.

Rutte, Erwin, Hundert Hinweise zur Geologie der Rhön, München 1974.

Schalkenbach, Alte Hausinschriften im Fuldaer Land, in: Buchenblätter 1941, S. 14, und 1954, S. 13.

Schemmel, Bernhard, Figuren und Reliefs an Haus und Hof in Franken, Würzburg 1978.

Schenkel, Thomas, Historische Fensterformen am Profanbau der Rhön, Examensarbeit 1983.

Schick, Karl, Dorfbrunnen im Fuldaer Land, in: Buchenblätter 1959, S. 110f.

Schilli, Hermann, Das oberrheinische (mittelbadische) Kniestockhaus, in: Badische Heimat, 1957, S. 63ff.
Ders., Die Verteilung der Hausarten in der Ortenau. Versuch eines Beitrages zur Besiedlungsgeschichte, in: Die Ortenau 27, 1940, S. 156ff.

Schmolitzky, Oskar, Das Bauernhaus in Thüringen, Berlin 1968.

Schneider, A., Thüringen-Führer, Gudensberg o.J.

Schneider, Joseph, Buchonia, Bd. I-IV, Fulda 1826–29.
Ders., Naturhistorisch-topographisch-statistische Beschreibung des hohen Rhöngebirges, seiner Vorberge und Umgebungen, Fulda 1840.

Schneider, Justus, Führer durch die Rhön, Würzburg 1877.
Ders., Rhönführer, neu bearb. von Hugo Scholz, Fulda 1991 (22. Aufl.).
Ders., Die Rhöngegend in historischer Beziehung, Fulda 1878.

Schrage, Gustav, Die Rhön – Praktisches Reisehandbuch, Meiningen 1897.

Schröder, Karl-Heinz/Schwarz, Gabriele, Die ländlichen Siedlungsformen in Mitteleuropa, Trier 1978 (2. Aufl.).

Schröder, Karl-Heinz, Zur Entstehung des gestelzten Bauernhauses in Südwest-Deutschland, in: Hermann-Lautensach-Festschrift, Stuttgart 1957, S. 164–180.

Schröter, Adelbert, Land an der Straße, Leipzig 1966.

Schubert, Reiner/Steiner, Walter, Der thüringische Dachschiefer als Werk- und Dekorationsstein, in: Wissenschaftliche Zeitschrift der Hochschule für Architektur und Bauwesen Weimar, 17. Jg., 1970, H. 5, S. 531–550.

Seib, Gerhard, Schiebeläden an Bauernhäusern und Nebengebäuden in Osthessen, West- und Südthüringen, in: Hessische Heimat, 42. Jg., 1992, H. 4, S. 169–181.

Siedentop, Irmfried, Das Rhöngebirge, München 1929.

Simon, Georg, Die Rhön, Bayreuth 1962.

Spiess, Balthasar, Die Rhön, Meiningen 1892.
Ders., Wanderbüchlein durch die Rhön, Meiningen 1854.

Sturm, Erwin, Die Bau- und Kunstdenkmale des Fuldaer Landes, Bd. 1: Der Altkreis Fulda, Fulda 1989 (2. Aufl.).
Ders., Die Bau- und Kunstdenkmale des Fuldaer Landes, Bd. 2: Die Bau- und Kunstdenkmale des Kreises Hünfeld, Fulda 1971.
Ders., Schöne Fachwerkhäuser im Fuldaer Land, in: Buchenblätter 1967, S. 136ff.

Treutwein, Karl, Unterfranken, Nürnberg 1967.

Ufholz, Gerhard, Die Geschichte der evangelischen Kirchengemeinde Gersfeld, Fulda 1985.

Uhlhorn, Friedrich, Geschichtlicher Atlas von Hessen, hrsg. vom hessischen Landesamt für Geschichte und Landeskunde, Marburg seit 1960.

Unterfränkische Geschichte, hrsg. von Peter Kolb und Ernst Günter Krenig, Bd. 1: Von der germanischen Landnahme bis zum hohen Mittelalter, Würzburg 1989.

Uttrichshausen: 1175 Jahre, hrsg. von der Gemeinde Kalbach/Rhön, Kalbach/Rhön 1986.

Virneburg, Christian, Wüstungen im Landkreis Fulda, in: Buchenblätter 1930, S. 49, 76.

Volkert, Hermann, Bauernhaus und Dorfformen im Fuldaer Land, in: Buchenblätter 1933, S. 117.

Vonderau, Joseph, Denkmäler aus vor- und frühgeschichtlicher Zeit im Fuldaer Lande, Fulda 1931.

Wagner, Heinrich, Mellrichstadt (Historischer Atlas von Bayern), München 1992.

Wennig, Wolfgang, Schmuckformen der thüringischen Baukunst im sechzehnten und beginnenden siebzehnten Jahrhundert, Würzburg 1938.

Wenz, Ernst, Das Amt Hilders beim Übergang an Bayern, in: Buchenblätter 1960, S. 47, 51–54.
Ders., Aus der Wirtschaft der Rhön vor 120 Jahren, in: Buchenblätter 1938, S. 5, 10.
Ders., Die Besiedlung der Rhön, in: Buchenblätter 1939, S. 45, 59, 63, 66, 69 u. 1940, S. 3, 11, 14, 19, 23.
Ders., Die Rhön bei ihrem Übergang an Bayern, in: Buchenblätter 1937, S. 85, 91.
Ders., Das Rhöner Gebirgshaus in alter Zeit, in: Buchenblätter 1936, S. 193f.
Ders., Von der Naturlandschaft zur Kulturlandschaft, in: Das Fuldaer Land, a.a.O., S. 7–32.
Ders., Was sagt der Geologe zur Frage der vor- und frühgeschichtlichen Besiedlung des Fuldaer Landes?, in: Buchenblätter 1958, S. 89, 94.
Ders., Die wirtschaftliche Lage der Rhön im 18. Jahrhundert, in: Buchenblätter 1936, S. 166, 175.

Wich, Günter, Brückenau – Hammelburg (Historischer Atlas von Bayern), München 1973.

Willms, Günther, Die Grenzen des Hochstifts Fulda, in: Buchenblätter 1955, S. 93, und 1956, S. 1–14.

Winterling, Aloys, Die bäuerliche Lebens- und Sittengemeinschaft der Hohen Rhön, Köln 1939.
Ders., Volkskunde der Hohen Rhön, Leverkusen 1939.

Zäune, Gitter, Tore. Eine Ausstellung der Handwerkspflege in Bayern (4. März – 18. April 1986), hrsg. vom Bayerischen Handwerkstag e.V., München 1986.

Abbildungsnachweis

Abb. 2 Geologische Übersichtskarte aus: Das Fuldaer Land – unsere schöne Heimat, hrsg. von Karl Schick, Fulda 1949.
Abb. 3 Politische Karte: Helmer, Wilhelm, Die territoriale Aufteilung der Rhön am Ende des 18. Jahrhunderts, in: Buchenblätter 1935, S. 121.
Abb. 4, 6, 7, 10 und 15: Luftbilder: Hessisches Landesamt für Denkmalpflege, Wiesbaden. Bildautor: Manfred Fross, Verwaltungsoberrat, Kreisverwaltung Fulda.
Abb. 5 Ortsgrundriß Pferdsdorf: Schulze + Schulze, Architekten BDA, Kassel, Gebäudeaufnahme Pferdsdorf/Rhön, Okt. 1991, Dorfentwicklungsplanung.
Abb. 12 Aus: Fritze, Eduard, Dorfbilder, Meiningen 1906.
Abb. 14 Aus: Denkmäler in Bayern, Band VI, Unterfranken, hrsg. von Michael Petzet, München 1985.
Abb. 17 Aus: Binder, Carl, Sondheim vor der Rhön und seine Chronik, Wien 1884.
Abb. 23, 24, 49, 71, 109 und 134: Historische Photographien von Seiferts: zur Verfügung gestellt von Familie Büttner, Seiferts.
Abb. 26, 29, 41, 49, 75, 82, 110, 129, 130 und 132: Historische Photographien von Sünna: Zur Verfügung gestellt von Herrn Adrian Hehl, Sünna.
Abb. 28 Gebäude in Heubach: Zur Verfügung gestellt von Herrn Jäger, Heubach.
Abb. 48 und 55 Aus: Reutter, Rolf, Haus und Hof im Odenwald, Heppenheim 1987.
Abb. 96, 97 und 100: Zeichnungen historischer Fenster aus: Schenkel, Thomas, Historische Fensterformen am Profanbau der Rhön, Examensarbeit 1983.
Abb. 102 Aus: Möller, Wilhelm, Das Bauernhaus und das Industriehaus in der Herrschaft Schmalkalden, Meiningen 1920, S. 38.
Abb. 103, 104: Konstruktionszeichnungen (Schnitte) aus: Reitmayer, Ulrich, Holztüren und Holztore, Stuttgart 1979, S. 98 und 186.
Abb. 117–120 Staatsarchiv Marburg, Best. 180 (Fulda), Nr. 329, 5230, 5232, 5443.

Alle übrigen Photographien und Zeichnungen stammen von den Mitarbeitern des Deutschen Zentrums für Handwerk und Denkmalpflege.

Abkürzungsverzeichnis

EG = Erdgeschoß
OG = Obergeschoß
i = inschriftliche Datierung
d = dendrochronologische Datierung
StAM = Staatsarchiv Marburg
Best. = Bestand

KATALOG AUSGEWÄHLTER GEBÄUDE

1. Hessische Rhön

Brand, Reulbacher Straße o.Nr.
Haupthaus
Vierzoniges, eingeschossiges, mitteldeutsches Ernhaus in weitgehend originalem Zustand. Einfaches konstruktives Fachwerk mit Fußstreben und konvergierenden Langstreben. Die westliche Giebelseite ist verschindelt.

Eckweisbach, Von-Guttenberg-Straße 3
Haupthaus der ehemaligen Glockengießerei
Dat. 1774 i
Vierzoniges, zweigeschossiges, mitteldeutsches Ernhaus in Stockwerkbauweise. An Eck- und Bundständern der Fassade sind Fußstreben mit aufgesattelten Kopfstreben. Am Eckständer des OGs der Straßenseite geschnitztes Blumenrankendekor. Besonders aufwendig gestaltete Eingangssituation mit Symbolen der Glockengießerei.

Esbachgraben, Dorfstraße o.Nr.
Haupthaus
Dreizoniges, eingeschossiges, mitteldeutsches Ernhaus. Einfaches konstruktives Fachwerk mit konvergierenden Langstreben. Stallzone in Backsteinbauweise massiv erneuert.

Habel, Dorfstraße o.Nr.
Haupthaus
Dreizoniges, eingeschossiges, mitteldeutsches Ernhaus. Stallzone in Backsteinbauweise massiv erneuert. Wohnteil in einfachem konstruktivem Fachwerk mit Fußstreben an Eck- und Bundständern. Die Giebeldreiecke sind mit Wettbrettern und Holzschindeln verschalt. Satteldach noch mit älteren Ziegeln gedeckt. Ebenso ältere Fachwerkfarbigkeit.

Kleinsassen, Paul-Klüber-Straße 2
Haupthaus
Dreizoniges, zweigeschossiges, mitteldeutsches Ernhaus in Stockwerkbauweise. Ehemalige Stallzone in Fachwerk erneuert. Fachwerk mit konvergierenden Langstreben, Mannfiguren mit Halsriegeln und Fischgräten. Die Balkenköpfe sind profiliert und die Füllhölzer schiffskehlenartig gefast. Ornamentierter, wiederverwendeter Sockelstein.

Liebhards, Kreuzbergstraße 12
Haupthaus
Dreizoniges, zweigeschossiges, mitteldeutsches Ernhaus in Stockwerkbauweise. Stallteil und EG der Rücktraufe massiv erneuert. An Eck- und Bundständern Mannfiguren mit Halsriegeln. Fischgräten als Schmuckhölzer. Im Giebeldreieck ältere Vorhangbogenfenster.

Morles, Rimmelser Straße 10
Haupthaus
Dreizoniges, zweigeschossiges, mitteldeutsches Ernhaus in Stockwerkbauweise. An Eck- und Bundständern Mannfiguren mit Halsriegeln. Im Giebeldreieck zwei aus Winkelhölzern gebildete Rauten. Füllhölzer mit gebrochenen Schiffskehlen.

Neuswarts, Bühneweg 1
Haupthaus
Dat. 1716
Dreizoniges, zweigeschossiges, mitteldeutsches Ernhaus in Stockwerkbauweise. An Eck- und Bundständern Fußstreben mit aufgesattelten Kopfstreben. Fischgrätenriegel als Schmuckhölzer. Beschnitzte Eckständer mit Stab und Volutendekor. Profilierte Füllhölzer und Balkenköpfe.

Oberkalbach, Eichenrieder Straße 1
Einhaus
Dat. 1827 i
Vertikales Wohnstallhaus mit angebauter Scheune und angefügtem Backhaus. Massives Untergeschoß mit Keller und Stall. Holzverkleidetes Fachwerkobergeschoß. Hohe zweiläufige Außentreppe aus Buntsandstein und Sandsteinsitzbank auf dem Podest.

Schackau, Schloßstraße 4
Auszugshaus
Zweizoniges, eingeschossiges, mitteldeutsches Ernhaus. Einfaches Fachwerkgefüge mit konvergierenden Langstreben. Holzverschalung im Kehlbalkendreieck.

Schackau, Schloßstraße 12
Haupthaus
Langgestrecktes, mitteldeutsches Wohnstallhaus, dessen Stallteil 1924 massiv erneuert wurde. Das Gebäude ist größtenteils verschindelt. Das Fachwerk der Rücktraufe liegt teilweise frei und zeigt an Eck- und Bundständern Mannfiguren mit gebogenen Fußstreben (ältere Bauart). Das Gebäude stammt vermutlich aus dem 17. Jahrhundert und diente zeitweise als Gaststätte.

Seiferts, Leopold-Höhl-Straße o.Nr.
ehem. Auszugshaus
Dreizoniges Kniestockhaus. Fachwerk mit konvergierenden Langstreben, Fischgrätenriegel und Kurzstreben. Im Giebeldreieck negative Rauten und Burkreuz. Geschnitzter Eckständer und profilierte Kniestockgeschoßschwelle.

Seiferts, Ulsterstraße 4
Haupthaus
Eingeschossiges, mitteldeutsches Ernhaus, dessen Stallteil um 1926 in Fachwerk erneuert wurde. Das Gebäude ist großenteils noch mit alten Buchenschindeln verkleidet.

2. Thüringische Rhön

Motzlar, Rockenstuhlstraße 16
Haupthaus
Dreizoniges, zweigeschossiges, mitteldeutsches Ernhaus in Stockwerkbauweise. An Eck- und Bundständern Mannfiguren mit Halsriegeln und konvergierende Langstreben. Als Schmuckhölzer sind halbe Fischgräten vorhanden. Die Füllhölzer sind abgerundet. Die Geschoßschwelle weist schiffskehlenartiges Schnitzwerk und eine bandartige Profilierung auf. An den EG- Eckständern des Straßengiebels maskenartiges Schnitzwerk mit Ranken. Die Eckständer des OGs mit ornamentalem Rankenwerk.

Neidhartshausen, Hauptstraße 13
Haupthaus
Dat. 1613
Dreizoniges, zweigeschossiges, mitteldeutsches Ernhaus in Stockwerkbauweise. Fachwerk mit älteren Mannfiguren mit Halsriegeln und Langstreben. Geschmückte Brüstungsgefache mit Rautenmuster, geschweifte Andreaskreuze und Kreisbildung. Balkenköpfe mit Hohlkehle profiliert, Rähm mit Zahnschnitt, Füllhölzer und Geschoßschwelle mit Tauband beschnitzt. Am Eckständer Säulenmotiv und Blumenmuster.

Neidhartshausen, Hauptstraße o.Nr.
Haupthaus
Eingeschossiges, dreizoniges, mitteldeutsches Ernhaus. Einfaches, konstruktives Fachwerk mit konvergierenden Langstreben. In den Brüstungsgefachen Leiterstiele und Kurzstreben.

Öchsen, Bahnhofstraße 78
Haupthaus
Thüringisches Wohnstallhaus mit hohem Stubenkeller. Fachwerk mit 2/3hohen Fußstreben. Kein Gebäudeschmuck. Straßenseitiger Giebel mit Bretterverschalung. (Abriß 1993)

Oechsen, Lindenstraße 97
Haupthaus
Zweigeschossiges, mitteldeutsches Ernhaus mit tiefliegendem Eingang. Vermutlich über dem Sockel eines Vorgängerbaues aus dem Jahre 1585 (Sockelinschrift !) errichtet. Fachwerk mit Mannfiguren und einer Krummholzfußstrebe im OG. Geschoßzone mit doppelter Schiffskehle und beschnitzte Eckständer.

Pferdsdorf, Lindenstraße 4
Haupthaus
Dat. 1822 i
Vierzoniges, zweigeschossiges, mitteldeutsches Ernhaus in Stockwerkbauweise. An Eck- und Bundständern Mannfiguren mit Halsriegeln. Geschnitzte Eckständer mit gebrochenem Säulenmotiv und Voluten. Die Geschoßschwellen sind profiliert, die Füllhölzer abgerundet. Kopfwinkelhölzer der Mannfiguren mit geschnitzten Herzen und halbovalen Ausschnitten. Segmentbogenfenster im Giebeldreieck.

Pferdsdorf, Lindenstraße 47
Haupthaus
Giebelseitig zum Dorfplatz stehendes vierzoniges, mitteldeutsches Ernhaus, dessen Stallzone massiv erneuert wurde. Einfaches, konstruktives Fachwerk mit konvergierenden Langstreben. Das Zwerchhaus wurde nachträglich hinzugefügt.

Schleid, Haus-Nr. 74
Haupthaus
Dat. 1802 (i)
Dreizoniges, zweigeschossiges, mitteldeutsches Ernhaus. An den Eckständern halbe Mannfiguren mit Halsriegeln. Zwischen den Fenstern Fischgräten-Schmuckhölzer.

Stepfershausen, Am Gänsebrunnen 56
Haupthaus
Dreizoniges, zweigeschossiges, mitteldeutsches Ernhaus. Ehemaliger Stallteil in Fachwerk erneuert. An Eck- und Bundständern Fußstreben mit aufgesattelten Kopfstreben. Profilierte Geschoßzone. Schiebeläden.

Sünna, Thomas-Müntzer-Straße 20
Haupthaus
Dat. 1696 d
Dreizoniges, zweigeschossiges, mitteldeutsches Ernhaus in Stockwerkbauweise. Fachwerk mit älteren Mannfiguren und Fußstreben. Die Eckständer des Straßengiebels sind unterschiedlich beschnitzt: Taubandsäulen, Schuppenbänder, Maske, fischgrätenartige Wulstprofilierung, totenmaskenartiges Schnitzwerk. Füllhölzer und Geschoßschwelle mit schuppenartigem Schnitzwerk.

3. Bayerische Rhön

Albertshausen, Albertshausener Straße 9
Haupthaus
Eingeschossiges, aufgesockeltes Ernhaus. Fachwerkgebäude vollständig verputzt. Auf der breiten Giebelseite vier Fensterachsen.

Frankenheim, Gersfelder Str. 64
Haupthaus
Dreizoniges, eingeschossiges, mitteldeutsches Ernhaus. Verputztes Fachwerkgebäude, Stallzone massiv erneuert.

Hassenbach, Brunnenstraße 1
Haupthaus
Dreizoniges, mitteldeutsches Ernhaus mit geringem Kniestock und von außen zugänglichem, jedoch eingetieftem Keller. Das im Wohnbereich noch aus Fachwerk bestehende Gebäude ist insgesamt mit einem grob strukturierten Rauhputz verkleidet.

Nordheim, Von-der-Thann-Straße 36
Haupthaus
Dreizoniges, zweigeschossiges, mitteldeutsches Ernhaus. EG massiv erneuert, OG in Fachwerk. Gebäude insgesamt verputzt. Profilierte Tür- und Fensterbekleidungen. Fensterbekleidungen mit Diamantornamenten an den Ecken.

Oberleichtersbach, Pfarrer-Schacht-Str. 10
Haupthaus
Dat. 1608 i
Dreizoniges, aufgesockeltes Ernhaus. Verputztes Fachwerk. Neuere Dachaufbauten. Rückwärtiger Giebel mit Wettbrettern verkleidet. Fröhlich lachende Fratze als Motivfirstziegel.

Poppenroth, Goldbachstraße 1
Haupthaus
Dat. 1778 i
Heute vierzoniges, ehem. dreizoniges, eingeschossiges, aufgesockeltes Ernhaus. Massivbau mit Sandsteingewänden. Relativ steiles Satteldach.

Schwärzelbach, Neudorfer Straße 28
Haupthaus
Dat. 1808 i
Eingeschossiges, aufgesockeltes, mitteldeutsches Ernhaus. Einfaches konstruktives Fachwerk mit konvergierenden Langstreben. Vor dem Eingangsbereich durch Dachverlängerung gebildete Laube. Am Eckständer symbolhaftes Flachschnitzwerk.

Stralsbach
Von-Hennebergstraße 34
Dreizoniges, zweigeschossiges, aufgesockeltes Ernhaus mit einem von außen zugänglichen Keller. Das Fachwerk ist verputzt und aufwendig bemalt.

Unterwaldbehrungen, Göpeshof 3
Haupthaus
Dat. 1752 i
Dreizoniges, zweigeschossiges, mitteldeutsches Ernhaus. Das EG ist weitgehend massiv erneuert. Das OG besteht aus Fachwerk mit weiter Ständerstellung. Verstrebung durch Mannfiguren mit Halsriegeln. Oberhalb des Brüstungsriegels der Halsriegel sind versetzte Kurzstiele, auf die das Erbauungsjahr geschnitzt ist. Gebäudeschmuck: beschnitzte Eckständer (eingerahmtes Rankenmotiv) und Fächerrosetten.

Unterwaldbehrungen, Biebrichshof 2
Haupthaus
Dreizoniges, zweigeschossiges, mitteldeutsches Ernhaus. EG enges Fachwerk mit konvergierenden Langstreben, OG weite Ständerstellung und Mannfiguren mit Halsriegeln. Beschnitzte Eckständer mit eingerahmter Rastersäule und Volutendekor, profilierte Balkenköpfe, Geschoßschwelle mit Wulstprofil, Füllhölzer mit Taubandmotiv, Fächerrosetten auf den Kopfwinkelhölzern. Profilierung der Sparren-/Kehlbalkenlage.

Ein Wort des Dankes zum Schluß

Abschließend möchten wir noch folgenden Institutionen und Personen für die Unterstützung der Studie „Siedlung, Haus und Hof in der Rhön" besonders danken:

- den Mitarbeitern des Staatsarchivs Marburg für die Hilfe bei der Suche nach Archivalien
- dem Landrat des Landkreises Fulda für die Erlaubnis zur Einsichtnahme der dort archivierten Luftbildsammlung

- Herrn Albrecht Wald, Museumsleiter des Freilandmuseums Fladungen
- Herrn Pfarrer Armin Hühn, Hofaschenbach
- Herrn Karl-Otto Rommel, Architekt, Tann
- Herrn Michael Mott, Journalist, Fulda

- Frau Gertrud Büttner, Seiferts
- Frau Jutta Denner, Klings
- Herrn Erich Jäger, Heubach
- Herrn Wilhelm Trapp, Schackau

- sowie allen, die mit Hinweisen und Informationen zur Dokumentation der traditionellen Bauweisen beitrugen.